Kurt Wilke

W0109723

Schwimmen

Bewegung erleben – Technik verbessern

Mit Fotos von Horst Lichte

Rowohlt

Redaktion Katrin Helmstedt

Originalausgabe

Veröffentlicht im Rowohlt Taschenbuch Verlag GmbH,
Reinbek bei Hamburg, Oktober 1996
Copyright © 1996 by Rowohlt Taschenbuch Verlag GmbH,
Reinbek bei Hamburg
Umschlaggestaltung Peter Wippermann / Jürgen Kaffer,
Büro Hamburg (Foto: Bongarts / Mark Sandten)
Satz Sabon Postscript (QuarkXPress 3.31)
Gesamtherstellung Clausen & Bosse, Leck
Printed in Germany
1990-ISBN 3 499 18688 8

Inhalt

Einführung

Wasser hat keine Balken.

Ist das der Grund, weshalb uns Schwimmen immer wieder fasziniert? Stellt nicht jeder Aufenthalt in einem größeren oder tiefen Gewässer ein Abenteuer dar, das schaudern läßt und zugleich reizt?

Trotz aller physikalischen Kenntnisse über das Element, trotz aller schwimmerischen Kunst bleibt stets ein kleiner Rest an Ungewißheit, der den Menschen herausfordert. Herausfordert, sich im Wasser zu bewegen und diesen Rest der Verunsicherung durch Bewegung zu bewältigen, sich sozusagen schwimmend seiner eigenen Wasserbeherrschung zu vergewissern.

Wer diese Herausforderung empfindet und sie annimmt, der hat die Chance, Schwimmen zu erleben. Und zwar nicht nur mit dem leichten Schauder in und vor dem Wasser, sondern als das Erlebnis, mit Leib und Seele ins Wasser einzutauchen, sich dem Element hinzugeben, es nach und nach «begreifen» und sich beliebig in ihm bewegen zu können.

Schwimmtechnik zu verbessern bedeutet in diesem Sinne, die Flüssigkeit des Wassers auszutasten, um mit ihrer Hilfe scheinbare Balken einzuziehen für unsere menschliche Vorwärtsbewegung. Dazu bedarf es der Wachheit unserer Körper- und Bewegungssinne.

Das Buch verläßt die bekannten Wege der sachlichen Erklärung und Anleitung zum besseren Schwimmen nicht vollständig. Es zeigt jedoch auch Erlebnismöglichkeiten des Schwimmens auf, um dort einen Schritt voranzukommen, wo der rationale Zugang allein nicht gelingt und das erlebnisorientierte Bewegungsempfinden die Führung übernehmen könnte.

Insbesondere das **Probieren** und **Erleben** von Ausführungs- und Situationsvarianten am Ende jedes Kapitels sollen dazu anregen, den Erfahrungsbereich um die Bewegungsausführung herum auszuloten, zu nutzen und zu erweitern. Auf diese Weise läßt sich langfristig Schwimmtechnik verbessern und ihre Anpassungsmöglichkeit an veränderte Bedingungen oder Anforderungen erheblich vergrößern.

Besser schwimmen:
Zum Sinn der Technik

Man sagt, daß wir im Zeitalter der Technik leben.
Damit ist wohl gemeint, daß der Mensch die Natur zum
Zwecke seiner Daseinsgestaltung und einer menschenwürdigen Lebensführung beherrsche. Schieben wir einmal alle unsere Zweifel darüber beiseite, ob der Mensch
die Natur wirklich beherrscht oder ob dies nur seiner
Vorstellung entspricht, so bietet das genannte Verständ-
nis von Technik gleichwohl zwei Einstiege in unser
Thema «Schwimmtechnik»:
– Zur menschlichen Daseinsgestaltung ebenso wie zu
  einer menschenwürdigen Lebensführung gehört die
  menschliche Bewegung (Motorik) – u. a. auch in sportlichen Ausdrucksformen wie der des Schwimmens.
– Die Naturbeherrschung reduziert sich in diesem
  Zusammenhang zunächst auf die Beherrschung der
  eigenen Bewegung (der Mensch als Teil der Natur,
  z. B. in der biomechanischen Betrachtung) und auf das
  Element Wasser, soweit es durch seine natürlichen
  Gegebenheiten (z. B. physikalische Eigenschaften)
  unsere Motorik beeinflußt.

Techniken im Schwimmen

Es macht Sinn, die beherrschte Form menschlicher Fortbewegung an der Wasseroberfläche als *Schwimmtechnik* zu bezeichnen und für den Alltagsbereich von einer *Gebrauchstechnik* zu sprechen oder im sportlichen Zusammenhang von der *Wettkampftechnik*.

(aus: Ladebeck, H.: Ladebecks Schwimmschule. Leipzig 1900, 34)

Das Brustschwimmen wird gerne als eine *Kulturtechnik* gesehen, weil das Brustschwimmen in seiner «klassischen» Ausprägung schon im ausgehenden Mittelalter vorkam, bis heute gepflegt und tradiert wurde – wenigstens in Mitteleuropa. Hier fand es u. a. deshalb Freunde, weil es durch die klare

Gliederung und Symmetrie seiner Bewegungsabfolge die menschliche Rationalität und Ästhetik zu verkörpern schien.

Anderswo in der Welt sah man das Schwimmen nicht so kompliziert. Man genoß den Aufenthalt im Wasser und nahm sich manches Tier zum Vorbild.

So auch, wenn es darum ging, ein Gewässer schwimmend zu queren und den Kopf zum Luftholen und zur Orientierung über Wasser zu halten. Dies gelingt z. B. dem Hund nur dann, wenn er seine Vorderbeine unter der Oberfläche bewegt.

Kein Wunder, daß menschliches «Hundeln» als Vorstufe des Kraulschwimmens weite Verbreitung fand. Um allerdings wie im Sportschwimmen die Arme leichter und schneller über Wasser nach vorn zu bringen, mußte der Kopf ins Wasser genommen werden, was wiederum eine besondere Atemtechnik verlangte.

Die in unserer Zeit übliche inhaltliche und sprachliche Differenzierung hat zu einer weiteren Aufsplitterung der Sporttechniken geführt: Es gibt die Kraul- und Brustschwimmtechnik und die Rückenkraul- und Schmetterlingstechnik. Die besonderen Bewegungsabläufe zu Beginn einer Schwimmstrecke und zur Richtungsumkehr vor der Bassinwand haben sich zu eigenen Techniken entwickelt, den Start- und Wendetechniken. Sie unterteilen sich je nach Ausführungsart noch einmal in die Techniken des Greif- oder des Hoch-Tief-Starts und der Roll- oder Kippwenden.

Der Technikbegriff im Leistungsschwimmen

Sportwissenschaftliche Erkenntnisse haben dazu geführt, daß die zur Schwimmtechnik erhobenen Bewegungsabläufe nicht nur analysiert und begründet, sondern immer stärker zweckrational verfeinert und weiterentwickelt werden. Dabei bestimmt der Ökonomiegrundsatz die Richtung, nämlich das Verhältnis von *Bewegungsleistung* und *eingesetzter Energie* zu verbessern: Es kommt darauf an, die Schwimmgeschwindigkeit oder die Schwimmstrecke pro Zeit zu maximieren und die dafür nötige menschliche Energie zu minimieren. Daß bei solchem Bemühen der menschliche Erfindungsgeist gelegentlich auch abstruse Gedanken hervorbringt, beweist die Tatsache, daß sich in den 70er Jahren deutsche Schwimmer ihren Darm voll Luft pumpten, um den derart gewonnenen Auftrieb in eine widerstandsarme Körperlage und somit in höhere Durchschnittsgeschwindigkeit umzumünzen. Insgesamt dürften jedoch die biologisch und ethisch vertretbaren Versuche überwiegen, ein technisch orientiertes Denken auf den Schwimmsport anzuwenden.

Häufig tritt die Frage auf, ob nicht die bewegungstechnische Verbesse-

(Illustration Christof Tisch)

rung an das Vorhandensein besonders günstiger Körpermerkmale gebunden sei, durch welche die Natur einzelne Menschen bevorteilt.

Als Beispiel werden vorteilhafte Körperproportionen angeführt oder hervorragende physiologische Organfunktionen, aber auch außerordentliches Bewegungsgeschick (Koordinationsfähigkeit) oder psychische Stärken.

Nun, der Begriff der Technik enthält u. a. einen hohen Grad an Allgemeingültigkeit für den Menschen, so wie sie sich beispielsweise an der Kraultechnik verdeutlichen läßt:

Die Ausholbewegung nach jedem Zug soll den Arm widerstandsarm und entspannt möglichst weit nach vorn führen. Diese bewegungstechnische Anforderung trifft für einen kleinen Schwimmer mit kurzen Armen ebenso zu wie für einen Zwei-Meter-Mann. Ihre Realisierung sieht allerdings unterschiedlich für die beiden ungleich großen Schwimmer aus. Der Große wird auf Grund seines langen Arms je Zug eine weitere Wegstrecke zurücklegen; sein Arm benötigt dafür mehr Zeit; er schwimmt mit einer geringen Bewegungsfrequenz. Das kommt u. a. in der Ausholbewegung zum Ausdruck, die ruhig über Wasser nach vorn verläuft: Am Oberarm – mit hoher Ellbogenposition – hängen Unterarm und Hand entspannt nach unten, bis sie sich zum Eintauchen vorstrecken.

Anders der kleine Schwimmer, der den kurzen Hebel seines Arms durch eine schnellere Zugfolge kompensieren muß. Die so zustande gekommene Bewegungsfrequenz steigert die Zentrifugalkraft in der Ausholbewegung derart, daß Unterarm und Hand nicht mehr locker hängen können. Statt dessen fliegen sie passiv gestreckt in Verlängerung des Oberarms – aber deswegen nicht weniger entspannt – nach vorn zum Eintauchen. Beide Ausführungen lassen sich als die persönliche Ausformung ein und derselben Technik zuordnen und als individuelle Bewegungsstile der zwei Sportler bezeichnen. Zusammenfassend läßt sich festhalten, daß für die nachfolgenden Ausführungen des vorliegenden Buches der Begriff Schwimmtechnik auf schwimmerische Bewegungsausführungen und Merkmale zutreffen soll, die

– für verschiedene Menschen unterschiedlichen Alters, Geschlechts und
   Leistungsvermögens gelten,
– sich an Sportlichkeit und Bewegungseffektivität ausrichten,
– dem aktuellen Kenntnis- und Erfahrungsstand entsprechen.

Bewegung erleben – Technik verbessern

Wir haben erfahren, daß die Schwimmtechnik auf Zweckmäßigkeit, Bewegungsökonomie und Wirksamkeit angelegt ist. Folglich steht zu befürchten, daß die Beschäftigung mit der Schwimmtechnik eine überwiegend intellektuelle Aufgabe sei, daß der Weg zur Verbesserung der eigenen Technik sozusagen nur über eine sportwissenschaftliche Anleitung zum Ziel führe.

Dem ist nicht so. Denn so wertvoll z. B. die Erkenntnis sein mag, daß im Brustschwimmen die schnelle Einwärtsbewegung der senkrechten Hand-Arm-Flächen den Antrieb durch hydrodynamischen Lift und nicht durch einfachen Abdruck nach hinten beschert, sowenig nützt sie dem Brustschwimmer, wenn er mangels entsprechender *Wahrnehmung seines Körpers* den Lift gar nicht herstellen kann. Eine Reihe von Informationen über besseres Schwimmen lassen sich demnach erst unter der Voraussetzung nutzen, daß die zuständigen Körpersinne der Haut, der Muskeln und der Gelenke ihre wesentlichen Inhalte – in Form von wasserbezogenen Empfindungen – an den Sportler weiterleiten.

Zur Verbesserung der Technik ist es daher wichtig, die *Bewegung zu erleben.*

Trotz aller Bewegungsbeschreibungen und -erklärungen möchte das Buch schwerpunktmäßig dazu herausfordern, während und nach den Bewegungsausführungen im Wasser in sich «hineinzuhorchen». Die Schwimmtechnik oder ihre Teilbewegungen variantenreich zu probieren, kann unsere Bewegungssinne schärfen, ihre Empfindungen verstärken, sie bestimmten Schlüsselphasen der Bewegung zuordnen.

Da derartiges Erleben auch mit Gefühlen wie Freude, Leichtigkeit, Souveränität und sogar mit Bewegungsgenuß einhergeht, motiviert es manchen zu weiteren Perfektionsbemühungen. Insofern verursacht intensives Bewegungserleben häufig ein *intensives Bewegungsleben.*

Die erlebten Bewegungsempfindungen zu erinnern, sich vorzustellen und mit ihrer Hilfe die wiederholten Schwimmbewegungen zu beeinflussen und zu verfeinern, ist eine Absicht des Übens und fördert das *Verbessern der Technik.*

14

(aus: Neue Illustrirte Zeitung, 1881)

Ein Wunschtraum bleibt natürlich der Fall, daß intensives Bewegungserleben nicht nur die eigene Schwimmtechnik verbessert, sondern durch die Aufnahme kühner Bewegungstheorien auch zur Neuentwicklung einer Schwimmtechnik führt. In solch idealer Weise die Praxis mit der Theorie zu verbinden, hieße quasi den menschlichen Antrieb im Wasser neu zu erfinden. Versuche dazu soll es bereits gegeben haben.

Besser schwimmen:
Die Grundbewegungen

Bevor wir uns mit den einzelnen Schwimmtechniken und deren Verbesserung befassen, wollen wir uns den technikübergreifenden menschlichen Verhaltensweisen im Wasser zuwenden. Sie bilden eigentlich die Voraussetzungen dafür, in die eigene Bewegung «hineinzuhorchen», diese also überhaupt erleben und folglich technisch verbessern zu können.

Dabei handelt es sich keineswegs um das Schwimmenlernen, sondern um eine höhere Stufe wasserangepaßten und dem eigenen Körper gegenüber sensiblen Verhaltens. Es setzt eine gute Schwimmfähigkeit voraus. Der Einfachheit halber soll es mit den *schwimmerischen Grundbewegungen* gleichgesetzt werden. Die nachfolgenden sechs Regeln mögen zur Überprüfung und Weiterentwicklung der schwimmerischen Grundbewegungen anregen.

Sich vom Wasser tragen lassen

Schwimmen bedeutet zunächst einmal, sich vom Wasser tragen zu lassen. Man spricht in diesem Fall vom *statischen Schwimmen.*

Mensch und Tier nutzen und genießen es gleichermaßen. In der Rückenlage scheint es besonders angenehm und entspannend zu wirken, wenn die Wassertemperatur nicht zu sehr von der Körpertemperatur abweicht – oder die Natur eine gute Isolierung zur Verfügung stellt.

(aus: Dröscher, V. B.: Geniestreiche der Schöpfung. Frankfurt/M., Berlin 1986, 75; FLPA/FW Lane)

Um die Tragfähigkeit des Wassers am eigenen Leibe zu erleben, muß man sich ohne Anspannung der Muskeln möglichst vollständig hineinbegeben.

Will man den Auftrieb (nach dem Prinzip des Archimedes) auch in der Bauchlage erfahren, so muß das Gesicht unter Wasser sein. Das bereitet bekanntlich beim Luftholen Probleme, weshalb wir uns bald mit der Atmung im Wasser befassen müssen (siehe Seite 23–27).

Zuvor noch einige andere Formen des Sichtragenlassens, nämlich das Schweben als Teil-, Hock-, Streck- und Gleitschwebe.

Schweben mit teilweisem Halt am Beckenrand (Teilschwebe).

Schweben bei durch Umarmen der gehockten Beine zusammengeschlossenem Körper (Hockschwebe). Vorher soviel Luft wie möglich einatmen und anhalten!

Schweben in Rückenlage bei locker abgespreizten Gliedmaßen (Streckschwebe). Der Kopf liegt wie auf einem Kissen.

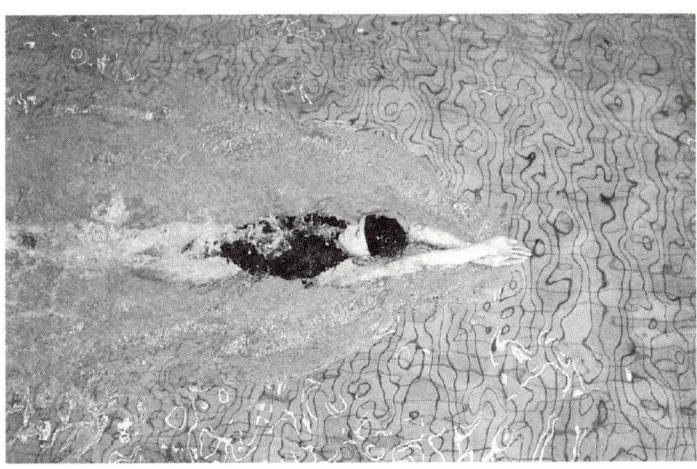

Schweben mit in Rückhalte bzw. Vorhalte geschlossenen Armen in
Rücken- oder Bauchlage (Gleitschwebe).
Für alle Formen des Schwebens gilt: Sich vom Wasser tragen zu lassen
gelingt nur, wenn sich nahezu der gesamte Körper unter der Oberfläche
befindet.

Spüren Sie den Unterschied? Probieren Sie,

- sich für die Teilschwebe über/unter Wasser festzuhalten;
- vor dem Schweben so tief wie möglich/wenig einzuatmen und die Luft anzuhalten;
- vorher tief einzuatmen und die Luft während des Schwebens langsam auszupusten;
- nach der Einatmung vom Boden hochzuspringen/ruhig zur Wasseroberfläche aufzutreiben;
- in der Hockschwebe den Kopf in den Nacken/die Stirn zu den Knien zu nehmen;
- in der Streckschwebe den Körper anzuspannen/mit seitlich locker abgespreizten Gliedmaßen zu entspannen.

Wie erleben Sie diese Varianten?

Im richtigen Moment Luft holen

«Schwimmen heißt atmen», so lautet eine Binsenweisheit. Gemeint ist, daß längeres Schwimmen nur mit Hilfe regelmäßiger Sauerstoffzufuhr durch die Atemluft möglich wird.

Das trifft für uns Menschen wie für alle Säugetiere zu.

Entscheidend ist es, im richtigen Moment Luft zu holen, und zwar dann, wenn der Kopf aus dem Wasser herauskommt.

(aus: Baker, R. R.: Die geheimnisvolle Reise der Tiere. München 1992, 148)

Die typische Einatemsituation bei Schwimmarten in Bauchlage zeigt, daß die Luft nur durch den Mund aufgenommen wird, und zwar dann, wenn dieser sich in höchster Stellung zur Oberfläche befindet (hier beim Kraulschwimmen). Das setzt das Rollen des Körpers einschließlich des Kopfes zur Seite voraus.

Der Brustschwimmer trägt seinen Kopf ohnehin verhältnismäßig hoch. So hoch wie hier allerdings nur dann, wenn der Schwimmer auch die Schultern in ihre höchste Position bringt. Der Nicht-Wettkampfschwimmer hebt statt dessen besser das Kinn gerade eben über den Wasserspiegel.

Ähnlich sieht die Einatmung des Delphinschwimmers aus; der Mund liegt knapp oberhalb des Wassers frei.

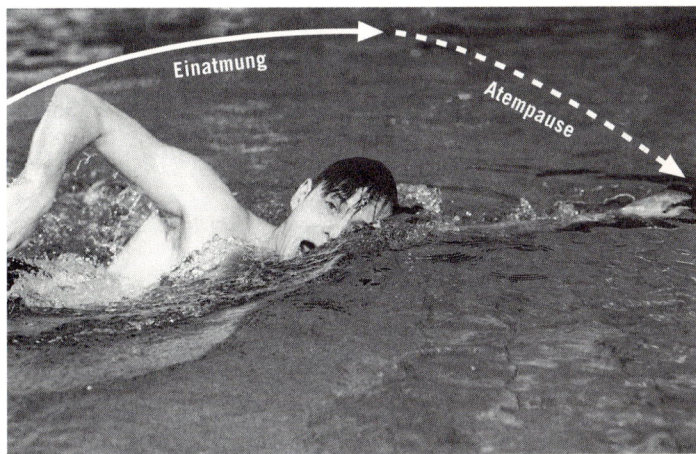

Für die Kraulschwimmarten gilt: Luft holen, wenn die Arme zur Aushol-bewegung übergehen und auf dem Weg nach vorn den Kopf überholen.

Ausatmen durch Mund und Nase

Die Ausholbewegung ist im Kraulschwimmen stets mit der Entspannung eines Arms (im Brust- und Delphinschwimmen beider Arme) verbunden. Dazu sollte der Kopf vollständig auf dem Wasser liegen, so daß nur das Kopf- und Körperrollen zur Atemseite den Mund vom Wasser löst.

Obwohl die Frischluftzufuhr äußerst wichtig ist, liegt unsere Aufmerksamkeit stärker auf dem Ausatmen. Dieser Vorgang erstreckt sich auf die gesamte Zugphase der Arme bis unmittelbar vor dem Luftholen. Ausgeatmet wird durch Mund und Nase; ausgeatmet wird stets unter Wasser mit einem stimmlosen «Prrmn...»-Laut.

Eine Ausnahme bildet das Rückenschwimmen: Aufgrund der freien Gesichtslage läßt sich über Wasser ein- und ausatmen. Lediglich während des Tauchgleitens nach Start und Wende wird kontinuierlich Luft durch die Nasenlöcher ausgepustet.

Die Bewegung erleben

Spüren Sie den Unterschied? Probieren Sie,

- ins Wasser hinein nur durch den Mund/nur durch die Nase/durch Mund und Nase auszuatmen;
- im Wasser hockend verschiedene Mitlaute zu verbinden und dabei auszuatmen; pl, pr, bm, tl, dm, rm, tlm, prm – einmal leicht und vorsichtig/dann mit explosiv gebildetem Anfangslaut;
- auf dem Beckenboden hockend auszuatmen, dann hochzuspringen und Luft zu holen;
- im Wasser schwebend sich zum Einatmen mit den Armen hochzu- drücken;
- unter Wasser auszuatmen und nach einer Pause/unmittelbar nach der Ausatmung Luft zu holen;
- schwimmend die Ausatmung bis zum Hochkommen der Schultern (Brustschwimmen)/bis zum Hochrollen des Kopfes (Kraulschwim- men) auszudehnen;

- das Brustschwimmen mit Flossenbeinschlag: zum Einatmen schlagen Sie die Beine kräftig abwärts.

Wie erleben Sie diese Varianten?

Das Wasser gestreckt durchgleiten

Unabhängig davon, wie der Antrieb zustande kommt, spart widerstandsarmes Gleiten durch das Wasser Kräfte. Dementsprechend verfügen alle
wasserangepaßten Tiere, die ihren Standort schnell oder weit unter Wasser
verändern, über die Fähigkeit, gut zu gleiten. Hier als Beispiel das austra-
lische Schnabeltier.

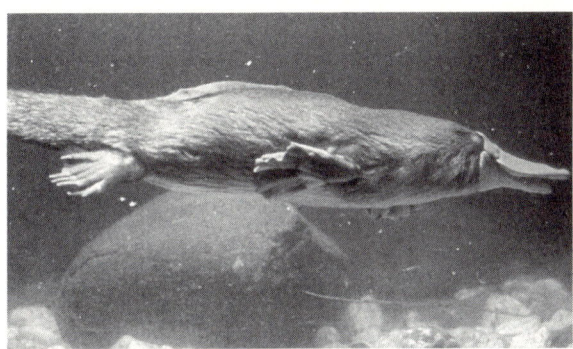

(aus: Dröscher, V. B.:
Geniestreiche der
Schöpfung. Frankfurt/M.,
Berlin 1986, 53)

Der Mensch kann seinen Körper in den Gelenken strecken, die Arme anle-
gen und so seinen Gleitwiderstand verringern.

Widerstandsärmer – weil mit kleineren Frontalflächen verbunden – gleiten wir, wenn wir die Arme gestreckt und geschlossen in Verlängerung unseres Körpers halten.

Das gilt für das Gleiten in der Bauchlage ebenso wie für das Gleiten in der Rückenlage. Je weniger Wasser man verwirbelt, desto sanfter fühlt sich der Gleitweg durch das Wasser an.

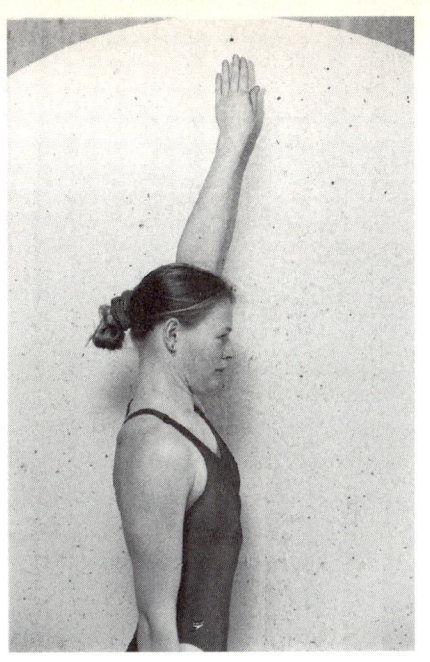

Neben der Rumpf- und Bein-
streckung ist die richtige Kopfhaltung wichtig: Die Halswirbelsäule
wird in Verlängerung des Körpers
gestreckt.

Die Arme werden möglichst weit
über Kopf gestreckt und die Handflächen über Kreuz gegeneinander-
gedrückt. Bei dieser Kopf- und Arm-
stellung empfindet man den Kopf
als «eingerahmt».

Übung macht den Meister – auch im Gleiten. Deshalb gehören Gleitübungen zum ständigen Repertoire des Anfängers wie des routinierten Schwimmers.

Diese Gleitübung beinhaltet das Durchgleiten eines Reifens im Wasser.

Als Übung eignet sich ebenso das Flößen: Einer gleitet in Bauch- oder Rückenlage, Helfer schieben den Gleitenden zum nächsten Helfer.

Rollen von der Seite ...

Abstöße in Seitlage und Gleiten unter langsamem Rollen in die Bauch- oder Rückenlage fördern das Gleitvermögen.

... auf den Bauch

Ebenso ist das ruhige Rollen um die Körperlängsachse während des Gleitens möglich, nachdem man sich in der Bauch- oder Rückenlage abgestoßen hat. Bei solchen Übungen trägt die aufgerichtete Beckenstellung zum Gelingen bei: Bauch und Gesäß anspannen!

Die Bewegung erleben

Spüren Sie den Unterschied? Probieren Sie,
- sich bei seitlich angelegten/mit vorgestreckten Armen kopfwärts abzustoßen/zu springen (Wassertiefe 2 m!);
- sich abzustoßen und mit nach oben geklappten Handflächen/mit gestreckten Händen zu gleiten;
- mit weit geöffneten/mit geschlossenen Armen zu gleiten;
- mit «hängenden Schultern»/mit weit vorgeschobenen Schultern und Armen zu gleiten;

- mit angezogenen Fußspitzen («Charlie-Chaplin-Füßen»)/gestreck-
ten Füßen zu gleiten;
- mit geöffneten/gespreizten/geschlossenen Beinen zu gleiten;
- mit nach vorn angewinkelten Beinen/im Hohlkreuz/mit aufgerich-
tetem Becken zu gleiten.

Wie erleben Sie diese Varianten?

Mit dem Kopf hoch- und tiefsteuern

Gleitet ein lebender Körper durchs Wasser, sei es nach einem Abstoß, nach einem Sprung oder einer antreibenden Schwimmbewegung, so entscheidet hauptsächlich die Stellung von Kopf, Rumpf und Gliedmaßen (Flossen) darüber, ob es auf- oder abwärtsgeht. Das sieht bei Delphinen oder Walen nicht grundsätzlich anders aus als bei Menschen.

(aus: Williams, H.:
Kontinent der Wale.
Frankfurt/M. 1988, 48)

Der Kopf leitet die Aufwärts- und Abwärtssteuerung des Körpers ein. Er wird entweder in den Nacken genommen oder zur Brust hin gebeugt. Die Arme können die Richtungssteuerung unterstützen.

(aus: Williams, H.: Kontinent der Wale. Frankfurt/M. 1988, 28)

Bei den Schwimmarten tritt diese Höhen- bzw. Tiefensteuerung des Kopfes besonders deutlich im Delphinschwimmen auf.

Die Kopfsteuerung setzt sich über den Körper bis zu den Füßen fort.

Seit einigen Jahren bedient sich auch das moderne Brustschwimmen der
auf- und abtauchenden Zusatzbewegung, wobei der Kopf hier ebenfalls die
Bewegung anführt.

Übungen zur Hoch-
und Tiefsteuerung des
Kopfes können in
spielerischer Form
schon vor dem eigent-
lichen Schwimmen-
lernen beginnen.
Dann natürlich nur in
einem flachen Becken
und unter Aufsicht
eines Erwachsenen.

Für Schwimmer im
Kindes- und Jugendal-
ter wird jede Art des
Abwärts- und Auf-
wärtssteuerns zu einer
Herausforderung, ob
als «Flipper» durch
den Reifen

oder als «Robben, die von Eisschollen» (großen Schwimmbrettern) kopfwärts ins Wasser rutschen.

Die Bewegung erleben

Spüren Sie den Unterschied? Probieren Sie,

- nach einem Kopfsprung ins Tiefwasser zum Boden / über die Waagerechte zur Oberfläche zu gleiten;
- aus dem Abdruck vom Beckenboden / Abstoß von der Beckenwand eine Rolle vorwärts auszuführen;
- im brusttiefen Wasser in den Handstand aufzuschwingen / aus dem Handstand abzurollen ohne Überschlagen der Beine;
- aus dem Abstoß tief-hoch zu gleiten / hoch-tief-hoch zu gleiten;
- während des Gleitens nach dem Hoch- oder Tiefsteuern den Körper völlig locker zu lassen / zu fühlen, wie der Körper dem Kopf folgt;
- nach schnellem Schwimmen die Arme anzulegen und nur mit dem Kopf abwärts, dann aufwärts / gleich aufwärts zu steuern;
- aus dem Abstoß unter Wasser mit in der Hüfte angewinkelten Beinen / im «Hohlkreuz» (Kopf im Nacken) zu gleiten;

Wie erleben Sie diese Varianten?

41

Sich mit den Armen vorwärts ziehen

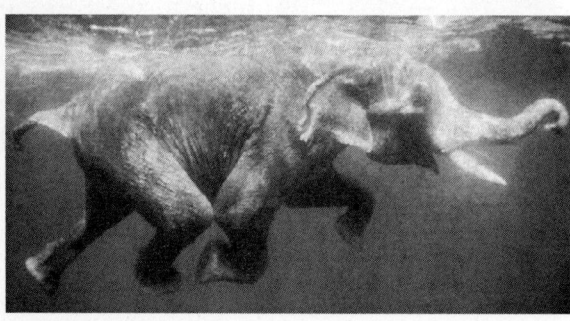

(aus: Kölner Stadt-
Anzeiger, 17./18. Februar
1996, 47)

Der Elefant hat einige Mühe, sich mit den Sohlen seiner Vorderfüße vorwärts zu ziehen. Das dünnflüssige Wasser weicht den im Verhältnis zum Körpervolumen kleinen Flächen aus und bietet wenig Halt für den Abdruck.

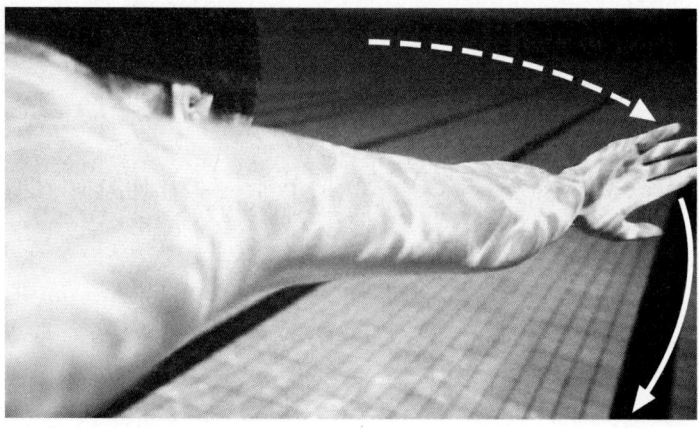

Für den menschlichen Schwimmer stehen die Chancen auf Antrieb mit Hilfe seiner Hände schon günstiger; er kann zudem seine Arme einsetzen. Grundsätzlich kommt er immer dann gut voran, wenn er sich über einen weiten Weg der Arme vorwärts zieht und dazu seine Abdruckflächen möglichst großflächig nach hinten richtet.

Der Sportschwimmer setzt deshalb nicht nur seine Hand ein, sondern auch seinen Unterarm, und nimmt im Training sogar Geräte zur Hilfe, die seine Abdruckflächen zusätzlich vergrößern.

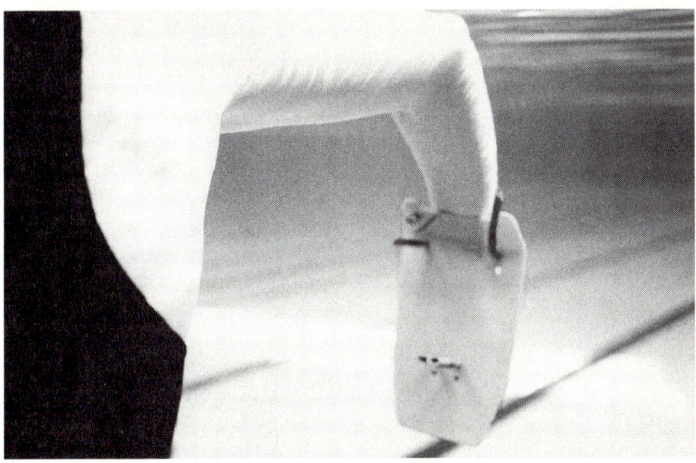

Hieraus erklärt sich die Grundregel aller Sportschwimmtechniken in der Bauchlage: Der Ellbogen ist stets höher zu führen als die Hand – oder im Fachjargon des Sportschwimmens: «hoher Ellbogen»!

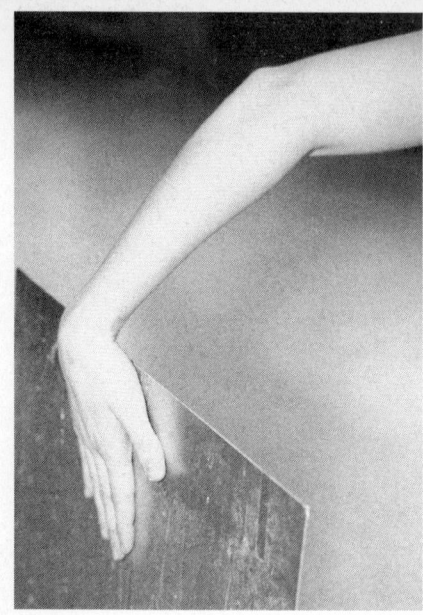

Der hohe Ellbogen erlaubt den Abdruckflächen von Hand und innerem Unterarm, sich ein quasi festes Widerlager zu «ertasten» und sich darüber hinweg vorwärts zu ziehen und zu drücken.

In diesem Sinne findet sogar das Krafttraining der Sportschwimmer mit hohem Ellbogen statt. Insbesondere die Schlüsselphasen des Kraulschwimmens werden dabei nachgeahmt. Zwar gilt Kraulschwimmen als diejenige Schwimmart, in der die Antriebswirkung der Arme diejenige der Beine am meisten überwiegt, aber *schnelles Schwimmen erfordert grundsätzlich einen größeren Armeinsatz.*

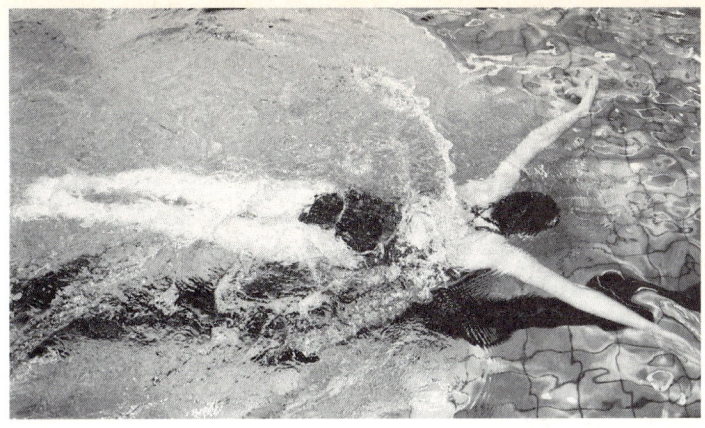

Aus diesem Grund steht isoliertes Armzugschwimmen ohne Unterstützung durch die Beine regelmäßig auf dem Trainingsprogramm. Der Mensch als ursprünglicher «Läufer» verlagert den Schwerpunkt seiner Fortbewegung im Schwimmen von den Beinen auf die Arme. Da sie muskelschwächer und weniger ausdauernd sind, müssen sie durch entsprechendes Training funktionell angepaßt werden.

Um den Antriebsweg der Arme möglichst lang zu gestalten, schiebt die Brustschwimmerin zuvor ihre Schultern und Arme extrem nach vorn. Die Länge des Antriebsweges empfindet man noch deutlicher in denjenigen Schwimmarten, die den Armzug bis zum Oberschenkel erlauben.

Das Erlebnis des weiten Armwegs unter gleichzeitig
großem Krafteinsatz vermittelt eine besondere Übung in
Rückenlage.

Beide Arme werden
gleichzeitig unter
Wasser und dicht am
Körper entlang hinter
den Kopf gebracht.
Mit stets fußwärts
gerichteten Hand-
flächen und gestreck-
ten Armen zieht sich
die Schwimmerin
durch das Wasser;
anschließend beugt
sie die Ellbogen und
drückt die Hand-
flächen bis zu den
Oberschenkeln hin.

Im Wechselzug-
schwimmen des
Rückenkrauls findet
nun der weite Armzug
seine Anwendung.
Sogar im Verlauf des
ersten Teils des Zuges
behält die Schulter
ihre Streckung bei.

Das Delphinschwim-
men profitiert eben-
falls vom weiten Arm-
zugmuster bis zu den
Oberschenkeln. Deut-
lich lassen sich die bis
zum Schluß nach hin-
ten gerichteten Flä-
chen von Hand und
Unterarm erkennen.

Die Bewegung erleben

Spüren Sie den Unterschied? Probieren Sie,

- verschiedene Schwimmarten mit geballten Fäusten / offenen Handflächen zu schwimmen;
- sich ohne Beinbewegung mit gespreizten Fingern / mit geschlossenen Fingern / mit minimal geöffneten Fingern vorwärtszuziehen;
- Armzüge aus normaler Schulterstellung mit Zügen aus weit vorgeschobenen Schultern abzuwechseln;
- isolierte Armbewegungen in hoher Frequenz / in ruhiger Folge
  durchzuführen;
- ohne Beinbewegung mit gesenkten Ellbogen / mit hohen Ellbogen
  zu schwimmen;
- Handflächen und Unterarminnenseiten heiß zu duschen / mehrfach

auf die Wasseroberfläche zu schlagen / mit harter Bürste zu reiben
[sensibilisieren] und danach mit hohen Ellbogen in ruhigen Zügen
zu schwimmen.
Wie erleben Sie diese Varianten?

Sich mit den Beinen vorwärts
schlagen oder stoßen

Von allen menschlichen Antriebsbewegungen im Wasser kommt der beid-
beinige Rückwärts-Abwärts-Schlag der Fortbewegung von Fischen am
nächsten, insbesondere wenn durch Überstrecken (Rückbeugen) des Körpers die Rumpfkraft einbezogen wird.

So wie die waagerechte Schwanzflosse eines Walfischs oder Delphins
zeitweilig über der Wasseroberfläche ausholt, um nach unten-hinten zu
schlagen, kann auch der menschliche Schwimmer seine Bewegung ein-
richten.

(aus: Williams, H.:
Kontinent der Wale.
Frankfurt/M. 1988, 37)

Die flossenähnlich gehaltenen Füße gelangen vor ihrem Antriebsschlag knapp über Wasser. Das leicht verzögerte Nachfolgen der Füße gegenüber den Ober- und Unterschenkeln verstärkt die Wucht des Abwärtsschlages.

Die Hauptschlagrichtung verläuft nach unten-hinten, so daß der Körper voran und etwas aufwärts geschoben wird (Reaktion).

Mindestens genauso antriebswirksam fällt der Delphinschlag in Rücken-lage aus. Der Abdruck von Unterschenkel und Fuß richtet hier sich noch stärker nach hinten als in der Bauchlage.

Der Wechselbeinschlag benutzt die gleiche Antriebsmechanik, allerdings jeweils nur für das ristwärtsschlagende Bein. Also treibt in der Rückenlage immer der Aufwärtsschlag an; das andere Bein erholt sich während der ruhigen Abwärtsbewegung. In der Bauchlage ist es genau umgekehrt.

Deutlich sichtbar folgen Unterschenkel und Fuß dem voraneilenden Ober-schenkel. Der Schlag endet in der Waagerechten. Dann übernimmt das andere Bein die Antriebsfunktion. Beide Beine wechseln sich mit der Antriebs- und Ausholbewegung ständig ab.

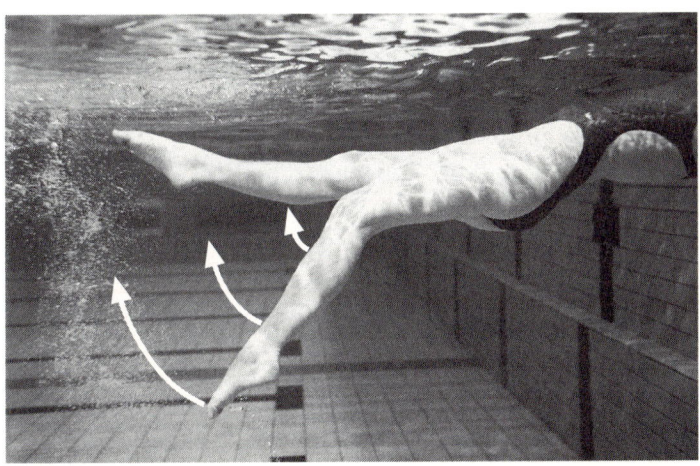

51

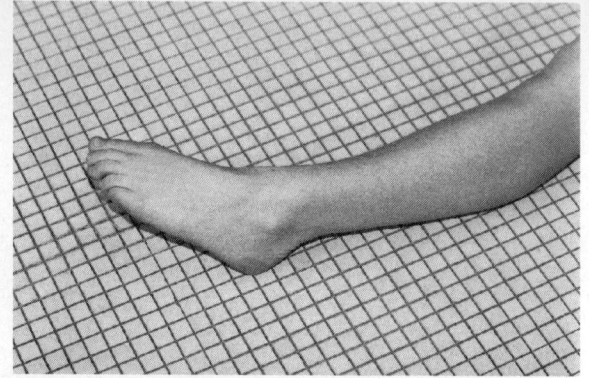

Im Schlag ist der Fuß
nicht nur überstreckt
wie eine Flosse, son-
dern auch einwärts
gedreht. Bei richtiger
Ausführung weist die
Fußmuskulatur keine
Spannung auf.

(aus: Umweltstiftung
WWF Deutschland
[Hrsg.]: Lebenselemente.
München 1990, 116)

Anders die Antriebsbewegung im Brustschwimmen. Der Beinstoß des
Froschs als Vorbild für den Brustschwimmer? Erfolg hat der Frosch mit
seiner Fortbewegungstechnik – die übrigens fast nur die Hinterbeine zu
Hilfe nimmt – auf jeden Fall, obwohl er nicht mit den Fischen konkur-
rieren kann.

In der Phase der weitesten Beinöffnung trifft das Bild des Froschs auch für den Menschen zu: Die Fußsohlen – allerdings ohne spreizbare Schwimmhäute – stoßen sich vom Wasser ab; danach werden die Beine im Gegensatz zur Froschbewegung völlig geschlossen.

Der Anfang der Bewegung sieht jedoch anders aus: Nachdem die Unterschenkel ans Gesäß gezogen wurden, drückt sich der Schwimmer mit den Innenseiten seiner Unterschenkel und Füße rückwärts vom Wasser ab.

Der Abdruck gelingt nur, wenn zuvor die Füße weit nach außen gedreht und die Fußspitzen zu den Schienbeinen hin gebeugt sind: «Charlie-Chaplin-Füße»! Im weiteren Verlauf der Beinbewegung arbeiten die Füße wie zwei Propellerflügel. Sie schwingen an den sich öffnenden Unterschenkeln halbkreisförmig über außen nach unten und gelangen in die Abdruckphase, die der Froschbewegung ähnelt – wie eingangs erwähnt.

Die Bewegung erleben

Spüren Sie den Unterschied)? Probieren Sie,
- im Nichtschwimmerbecken stehend mit dem Innenfuß/dem inneren Unterschenkel Wasser wegzuschieben;
- mit Flossen kraulzuschwimmen/brustzuschwimmen;
- mit Flossen isoliert Kraulbeinbewegungen/Brustschwimmbeinbewegungen in Rückenlage duchzuführen;
- bei vorgehaltenen Armen mit Flossen die Beine abwechselnd/gleichzeitig auf- und abzuschlagen;
- durch Beinschlag mit Flossen den Oberkörper über Wasser zu schieben/unter Wasser zu drücken (auch im direkten Wechsel);
- gymnastische Übungen (Fußspitzen zum Schienbein ziehen und nach außen drehen) an Land und Brustschwimmen im Wasser abzuwechseln;
- den Fersensitz, wobei sich die Fußspitzen auf einem Kissen liegend berühren, mit dem Beinschlagschwimmen im Wasser abzuwechseln;
- im Kraulbeinschlag/im Delphinbeinschlag die Wasseroberfläche mit dem Fußrist/mit den Fußristen zu peitschen.

Wie erleben Sie die Varianten?

Besser schwimmen:
Die Wechselzugtechniken

Als Wechselzugtechniken bezeichnet man die Schwimmarten, bei denen sich der rechte und der linke Arm im
Zug und in der Ausholbewegung ständig abwechseln.
Obwohl für diese Techniken die Beine in gleicher Weise
verfahren, also wechsel*schlagen*, hat sich der Wechsel-
zug – wahrscheinlich wegen der Dominanz des Arm-
antriebs – als zusammenfassender Begriff für das Kraulschwimmen in Bauch- und Rückenlage durchgesetzt.

Auf jeden Fall beeindruckt der deutlich sichtbare
Wechsel der Arme über Wasser den Beobachter mehr als
die häufig etwas unregelmäßigen und unter der Wasseroberfläche verlaufenden Beinschläge.

Das eigentliche Schwimmen beginnt man im Regelfall
mit dem Start – wenigstens bei sportlicher Ausübung –,
weshalb wir den Grabstart bzw. der Rückenstart den
Techniken jeweils voranstellen. Auf die zugehörigen
Wendetechniken wird aufgrund ihrer eindeutigen Bewe-
gungsgemeinsamkeit zum Schluß eingegangen.

Grabstart zum Kraulschwimmen

Im sportlichen Schwimmen beginnt eine Schwimmstrecke mit dem Startsprung.

Ein guter Grabstart bedeutet:
• explosiv nach vorn zu schnellen, • weit durch die Luft zu fliegen, • sanft ins Wasser einzutauchen, • flach zu gleiten, um • flüssig in die Kraulbewegung überzuleiten.

Vor dem Sprung befindet sich der Schwimmer im Gleichgewicht:
• seine Zehen umklammern die Vorderkante, • die Hände greifen (grab) um den Vorderteil des Blocks, • der Körper ist zusammengekauert – das Gewicht liegt auf den Vorderfüßen.

Nach dem Startsignal:
* ziehen die Hände den Körper vorwärts – abwärts, * das Gesicht ist erst den Knien, dann dem Wasser zugewandt, * die Knie beugen sich.

Danach:
* die Hände vom Block lösen, * den Blick auf die Beckenmitte richten, * Beine nach vorn strecken, * Arme nach vorn strecken, * Körper nach vorn strecken.

In dem Moment, da die Arme abwärts fallen und vom Körper eingeholt werden:
• Arme abstoppen, • Schultern feststellen • und dadurch den Schwung übertragen, • mit den Fußspitzen den letzten Abdruck nach vorn geben, • weit fliegen, • mit Kopf und Händen zum Eintauchen nach vorn-unten steuern.

Beim Grabstart kommt es darauf an,
● spitzwinklig, ● wiederstandsarm, ● gestreckt ins Wasser einzutauchen,
um ● flach gleitend in die Kraulbewegung überzuleiten.

Hinweise

    – Die Strecke, die der Startsprung überbrückt, braucht
      man nicht zu schwimmen.
    – Ein guter Startsprung schafft den flüssigen Übergang
      zum schnellen Kraulschwimmen.

Die Bewegung erleben

    Spüren Sie den Unterschied? Probieren Sie,
  ● vor dem Sprung weit/wenig die Knie zu beugen;
  ● höher/flacher abzuspringen;
  ● Arme nur vorzustrecken/erst vorzustrecken, dann abwärts gerich-
    tet abzustoppen;
  ● tiefer/flacher einzutauchen und zu gleiten;
  ● lange zu gleiten/früh das Schwimmen zu beginnen;
  ● mit Beinschlag/mit Gesamtbewegung anzufangen;
  ● die ersten Züge ohne Atmung zu schwimmen.
    Wie erleben Sie die Varianten?

Kraulschwimmen in Bauchlage

Der Mensch beherrscht keine kräftesparendere Schwimmtechnik als das Kraulschwimmen in der Bauchlage. Unabhängig von der Distanz benötigt jede andere menschliche Fortbewegung durch das Wasser bei gleicher Geschwindigkeit mehr Energie.

Deshalb ist das Kraulschwimmen die schnellste Schwimmart im Wettkampf und wird zur Streckenüberwindung mit unterschiedlichen Zielsetzungen angewandt: Wasserrettung, Wasserballspiel, Triathlon, Dauerschwimmen, Kanalüberquerung.

Der Grund für den verhältnismäßig geringen Energieaufwand liegt in der abwechselnden Antriebsleistung und Erholung von rechtem und linkem Arm. Je besser dieser Wechsel zustande kommt, desto geringer fallen die Antriebslücken und Geschwindigkeitsschwankungen aus. Da die Arme den Körper unter seiner Schwerpunktlinie nahezu geradlinig vorantreiben, geht kaum Energie für Umlenkungen verloren. Das alles setzt natürlich das *Sichtragenlassen* vom Wasser und *widerstandsarmes Gleiten* im Wasser voraus.

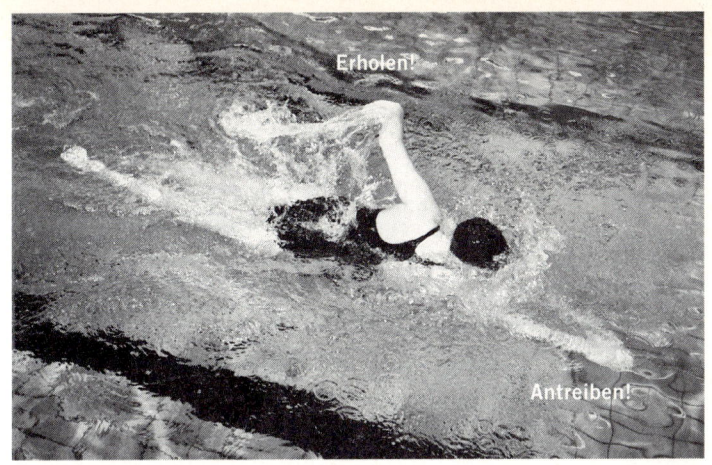

61

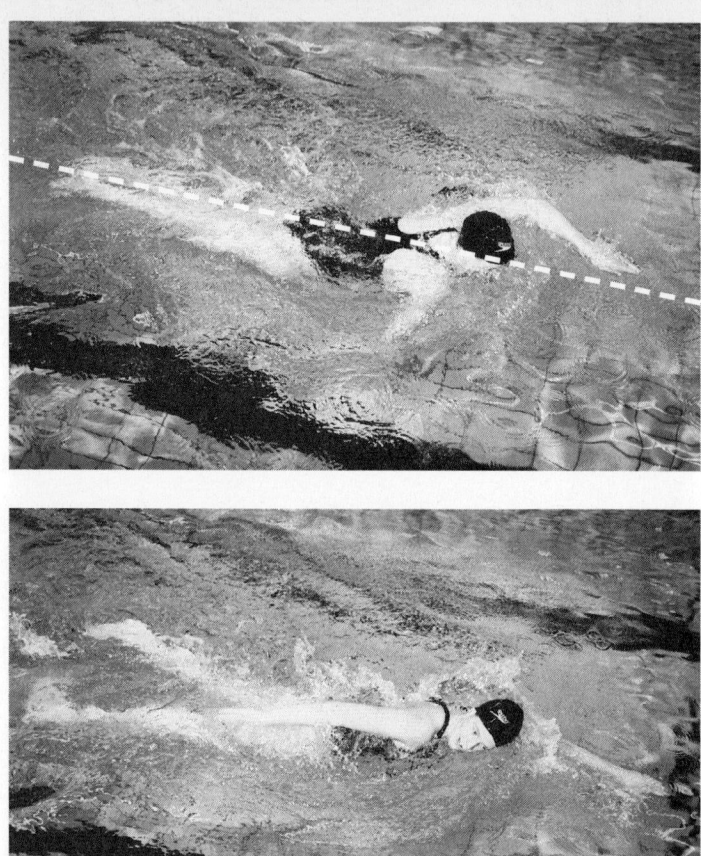

Von großem Vorteil ist, daß der Kopf ständig auf dem Wasser liegt und ruhig mit dem Körper von einer Seite zur anderen rollt. Die Atmung – gleichgültig zu welcher Seite – fügt sich nahtlos in die Rollbewegung ein.

Die Schwimmerin atmet hier nach rechts; der rechte Arm ist ihr sogenannter Atemarm. Nahtloses Einfügen heißt,

• durch den Mund einzuatmen, wenn der Atemarm drückt, das Wasser verläßt und bis in Kopfhöhe vorschwingt, • die Luft anzuhalten, wenn der Atemarm den Kopf überholt und ins Wasser eintaucht, • unter Wasser durch Mund und Nase auszuatmen, wenn der Atemarm den Körper vorwärtszieht.

Der Armzug

Um den Körper bestmöglich vorwärts zu ziehen, muß man:

• mit der Handfläche und dem Innenarm *Wasser fassen*, • Hand und Arm nach unten-hinten pressen, • den Ellbogen hochhalten,

• sich über den Arm hinweg vorwärts ziehen und • dabei den Arm (im Ellbogengelenk) *beugen*,

• sich mit Hand und Unterarm vom Wasser abdrücken und • dabei den Arm zum Oberschenkel *strecken*.

Genauso wichtig wie die Antriebsphasen der Arme sind ihre Erholungs-phasen. Sie fallen exakt mit den Ausholbewegungen über Wasser weit nach vorn zusammen.

Bei der Ausholbewegung wird:

der Körper zu einer Seite hochgerollt, • der Ellbogen hochgezogen, • der Unter-arm mit Hand entspannt aus dem Wasser gezogen,

der Arm nahe am Kör-per vorbeigeschwungen, • die Hand weit vor dem Kopf eingetaucht. • Dau-men zuerst, dann werden die Fingerspitzen nach vorn gebracht.

Beim Eintauchen des Arms kommt es darauf an: • Arm und Schulter vorzu-schieben, • den Ellbogen hochzuhalten, • den Kör-per dem Eintaucharm nachzurollen.

Für den Kraulschwimmer läßt sich die Armbewegung
durch verschiedene Übungen trainieren, z. B. durch

einarmiges Kraul-
schwimmen zu zweit
unter Ziehen eines
Partners in der Mitte,

intensives Kraul-
schwimmen gegen den
Widerstand eines
Gummiseils (das Seil
wird mit einem Hüft-
gurt am Rücken des
Übenden befestigt).

Der Beinschlag

Obwohl die Hauptaufgabe des Wechselbeinschlags darin besteht, den Unterkörper gegen ein Absinken und gegen seitliches Pendeln zu stabilisieren, trägt er zum Antrieb bei.

Dazu wird der Fuß wie eine Flosse überstreckt, so daß der Fußrist nach hinten-unten schlagen kann.

Übungen

Beinschlagtraining mit Flossen:

Die Arme werden vorne gestreckt oder an einem Schwimmbrett gehalten.

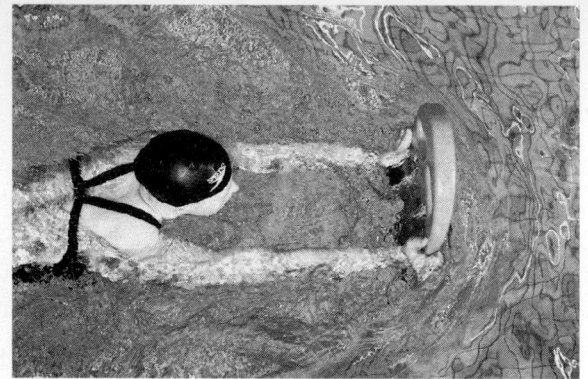

Um die Ausdauer der
Beinmuskulatur zu
steigern, wird das
Beinschlagen gegen
den Widerstand des
senkrecht gehaltenen
Bretts trainiert.

Beinschlagtraining mit
Flossen bringt in der
Gruppe natürlich
mehr Spaß.

Das trifft auch zu, wenn man ohne Flossen gemeinsam einen Balken zur gegenüberliegenden Beckenseite treibt.

Das Kraulschwimmen als schnellste Sprinttechnik läßt sich auch dadurch üben, daß ein gezogenes Seil die Schwimmgeschwindigkeit unterstützt.

– Das Kraul- und das Rückenschwimmen profitieren von der gleichbleibend gestreckten Rumpfhaltung und der ruhigen Kopfhaltung.

– Das Wasser trägt zwar den Körper, trotzdem müssen Ober- und Unterkörper durch die Spannung von Bauch- und Gesäßmuskeln zusammengehalten werden.

– Die flossenähnliche Überstreckung (und Einwärtsdrehung) der Füße verlangt bewegliche Fußgelenke.

Die Bewegung erleben

Spüren Sie den Unterschied? Probieren Sie,

* den gesamten Körper mehr/weniger um seine Längsachse zu rollen;
* auf rechter/linker Seite zu atmen, um die eigene «Schokoladenseite» herauszufinden;
* die Rumpfmuskeln während des Schwimmens anzuspannen/lockerzulassen;
* in der Antriebsbewegung der Arme die Zugphase/die Druckphase zu betonen;
* die Arme im Vorschwung auszuschütteln;
* kräftig beinzuschlagen/die Beine lang mitpendeln zu lassen;
* auf einen Armzug rechts-links mit jedem Bein einmal (Zweierbeinschlag)/dreimal (Sechserbeinschlag) zu schlagen;
* gleich lange Strecken mit vielen/wenigen Gesamtbewegungen zu durchschwimmen;
* so ruhig zu schwimmen, daß die Strecke beliebig lang werden kann;
* kurze Strecken schnelleren Schwimmens (15–25 m) mit Pausen (10–20 s) abzuwechseln.

Wie erleben Sie die Varianten?

Wasserstart zum Rückenschwimmen

Der Rückenstart ist ein Startsprung rückwärts von der Wand aus dem Wasser heraus in Schwimmrichtung.

Dazu soll der Körper:
• über die Wasseroberfläche schnellen, • weit fliegen, • mit Armen und Kopf voran eintauchen, • parallel zur Oberfläche gleiten, • durch Delphin-bewegungen vorwärtstauchen (bis 15 m), • auftauchen und zum Rücken-kraulschwimmen übergehen.

Vor dem Sprung:

Hochziehen des Körpers

• die Hände umfassen den Startgriff/Beckenrand, • die Vorderfüße sind gegen die Wand gestellt, das Sprungbein etwas höher, • die Arme beugen sich und ziehen den Körper möglichst hoch, • Kopf und Oberkörper kauern direkt an der Wand.

Nach dem Startsignal:
* mit den Armen den Oberkörper zurückstoßen, * den Kopf in den
Nacken nehmen, * Beine strecken,

* den Körper zurückschnellen, * die Beine mit aller Kraft weiterstrecken,
* die Arme seitlich am Körper vorbei nach hinten schwingen,

• die Arme völlig durchstrecken, • mit den Fußspitzen abstoßen, • die
Hüfte hochdrücken.

Zur Eintauchphase:
• mit Armen und Kopf voran eintauchen, • die Hüfte überstreckt anspannen, • die Füße gestreckt halten.

Unter Wasser:
* die Arme schließen und die Hände verschränken, * den Kopf vor die Arme nehmen (minimal anheben), * die Beine gestreckt abwärts drücken,
* die Luft ruhig durch die Nase ausblasen.

Es folgt ein langes Unterwasserschwimmen in Rückenlage, dabei:
* Schultern und geschlossene Arme extrem strecken, * den Rumpf wellenförmig auf und ab bewegen,

74

Fußkick

• jeden Aufwärtsschlag mit explosivem Fußkick abschließen, • kontinuierlich durch die Nase ausatmen, • den Kopf leicht anheben.

Am Ende der Tauchstrecke:
• mit Kopf und Armen zur Oberfläche steuern, • restliche Luft durch die
Nase ausstoßen, • den letzten Delphinschlag betonen.

Sobald die Hände den Wasserspiegel durchbrechen:
• mit einem Arm den Wechselzug aufnehmen, • in den Kraulbeinschlag
überwechseln, • regelmäßig atmen.

Hinweise

- Der Rückenstart versucht die Vorteile des Start-
  sprungs vorwärts zu nutzen, soweit die tiefe Aus-
  gangsposition dies zuläßt.
- Die Tauchstrecke wird mit Delphin-Antrieb schneller
  zurückgelegt als im Rückenschwimmen an der Oberfläche. Sie verlangt jedoch sportliche Kondition.

Spüren Sie den Unterschied? Probieren Sie,

- in der Ausgangsstellung die Füße höher / tiefer gegen die Wand zu setzen;
- dazu die Schrittstellung kleiner / größer zu wählen;
- vor dem Absprung den Körper hoch- / extrem hochzuziehen;
- die seitlich gestreckten / gebeugten Arme zurückzuschwingen;
- den Kopf nach dem Eintauchen sofort / verzögert vor die Arme zu nehmen;
- kurz / lang zu gleiten, bevor Sie mit den Delphinbeinschlägen beginnen;
- ein weites Delphintauchen einzuschalten / frühzeitig wieder an der Oberfläche rückenzuschwimmen.

Wie erleben Sie die Varianten?

Kraulschwimmen in Rückenlage

Das Rückenkraulen ist die jüngste und schnellste aller Schwimmtechniken in der Rückenlage. Seine Verwandtschaft zum Kraulschwimmen in Bauchlage kommt in einer Reihe von Merkmalen zum Ausdruck: die flache und gestreckte Körperlage, die ruhige Kopfhaltung, sich gegenseitig ablösenden Antriebsaktionen der Arme sowie der Wechsel von Antrieb und Erholung jedes einzelnen Arms.

In der Erholungsphase schwingt der Arm gestreckt über dem Körper zurück. Das Gesicht bleibt unverändert nach oben und leicht zu den Füßen gerichtet; der Kopf rollt also *nicht* mit dem Körper, sondern bildet einen ruhenden Pol für die gestreckte Körperlage.

Der Beinschlag trägt erheblich mehr zum Antrieb bei als beim Kraulschwimmen in Bauchlage.

Aufgrund der leicht nach hinten abfallenden Körperlage und der Beugung
im Kniegelenk schlagen Fußrist und Unterschenkel nach hinten-oben. Sie
schieben die Schwimmerin voran (Reaktion).

Die Dynamik betont den abschließenden Unterschenkel-Kick (hier: rechtes
Bein): «Einen Pantoffel nach oben-hinten wegschleudern!»

Gutes Rückenkraulschwimmen verlangt das Rollen des ganzen Körpers um seine Längsachse. Schulter und Hüfte folgen jeweils dem hinten eintauchenden und ziehenden Arm – bis zu einem Winkel von 45° zur Wasseroberfläche.

Nach links rollen

Nach rechts rollen

Die Schultern und mit ihnen der ganze Körper rollen sich also während einer Gesamtbewegung um 90° von der linken auf die rechte Seite. Deutlich sichtbar beteiligen sich Hüften und Beine sogar im Schlag an dieser Rollbewegung.

Der Armzug

So beschreibt der erfahrene Rückenschwimmer den wirksamen Armantrieb:

Man legt die Hand sehr weit vor der Schulter ins Wasser, «hakt sie fest» und zieht und drückt sich über die «festgehakte» Stelle hinweg nach vorn.

Der Armantrieb beginnt mit dem Eintauchen und einem ca. 20 cm tiefen Durchsacken der Hand (Kleinfingerkante voran):

• Arm und Schulter extrem vorschieben, • die Handfläche nach unten richten, • Hand und Unterarm nach unten-hinten pressen,

• den Arm durchziehen und • ziehend neben die Schulter bringen,

• das Ellbogengelenk beugen: «Ellbogen tief!», • Handfläche senkrecht halten – Fingerspitzen zeigen zur Seite,

• Handfläche und Unterarm fußwärts pressen, • die Handfläche nach hinten-unten klappen,

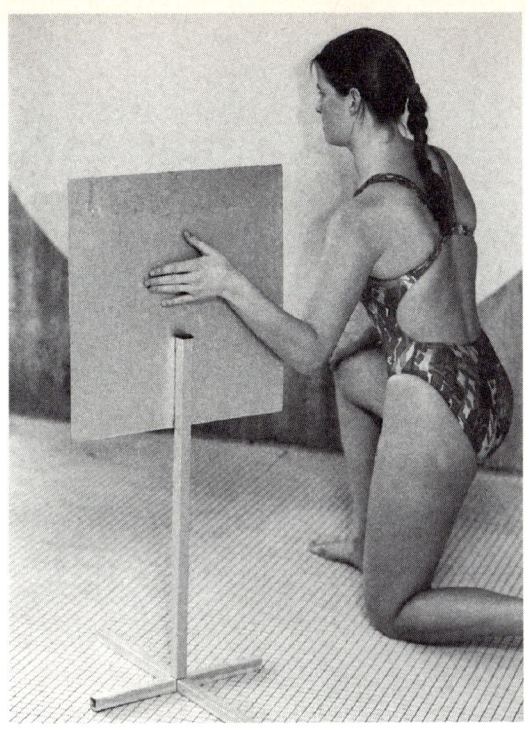

Ob ein wirksamer Armantrieb zustande kommt, hängt von der Flächen-
gestaltung des Arms und der Hand in Schulterhöhe ab: Der Winkel von
Ober- zu Unterarm soll 90° betragen. Anschließend drückt man sich aus
der Armbeugung mit Hand und Unterarm ab: «Strecken!»

• die Schulter hoch-
ziehen, • Arm und
Hand (Daumenseite
voran) aus dem Was-
ser heben.

Um die richtige Hand-
stellung zu erfahren,
vergrößert man
während des Übens
gern die Handflächen
durch Paddles.

Als eine einführende Übung für den Armzug, d. h., um
zu beugen und zu strecken, gilt das Rückenschwimmen
dicht an einer Bahnleine entlang:

Der rechte Arm
schwingt frei über
Wasser zurück.

Weit hinten ergreift
die Hand die Leine.

Die Hand zieht den
Körper unter Armbeu-
gen kräftig vorwärts.

Durch das Arm-
strecken wird die
Leine explosiv
fußwärts gedrückt.

Auf dem Rückweg (Schwimmbahn in Gegenrichtung) ist
der andere Arm an der Reihe.

87

Die folgende Bildreihe zeigt in der Über- und Unterwasseransicht eine weitere Übung für den wirksamen Armzug des Rückenkrauls:

• Die Arme symmetrisch unter der Oberfläche völlig nach hinten durchstrecken,

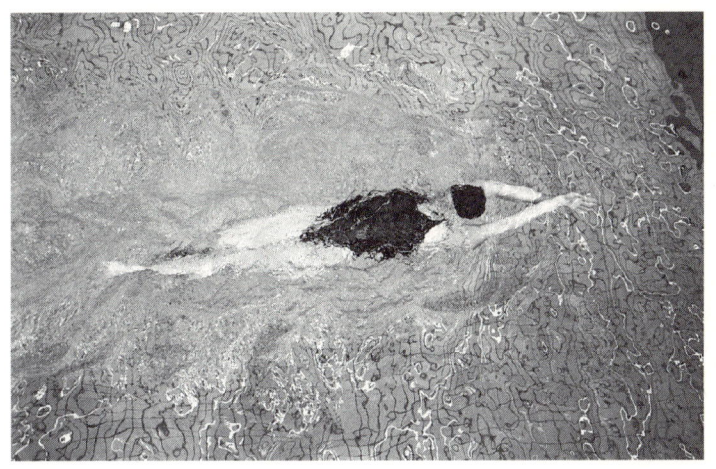

• unter fortlaufendem Wechselschlag der Beine,

• dann mit Armen und Händen ziehen, • Arme beugen
und drücken und

• bis zu den Oberschenkeln strecken, • Arme wieder
dicht am Körper entlang in die Ausgangsstellung bringen.

Synchronisierter Armzug in der Gesamtbewegung:

Die inneren Hände der
Schwimmerinnen sind
durch ein Band miteinan-
der verbunden.

Eine Übung zu dritt:
Der kräftig beinschlagende Schwimmer wird an den ausgestreckten Armen gehalten und gezogen.

Hinweise

- Rückenschwimmen ist Kraulschwimmen in Rückenlage, aber die Arme behalten stets einen halben Kreis Abstand zueinander. Dieser Wechselrhythmus von rechts nach links hat Vorrang vor einer späteren Feinform der Armbewegung.
- Feinform bedeutet, die Arme über dem Körper nach hinten zu schwingen und nach dem ersten Abwärtspressen seitlich neben dem Körper zu ziehen und zu drücken.

Die Bewegung erleben

Spüren Sie den Unterschied? Probieren Sie,
- in leichter Sitzhaltung/in völlig gestreckter Lage rückenzuschwimmen;
- mit dem Rumpf in Hohlkreuzstellung/mit leicht angespannten Bauchmuskeln rückenzuschwimmen;

93

- unterschiedliche Kopfstellungen während des Rückenkraulens auszuführen: Kinn nach oben richten/zum Hals ziehen;
- beim Beinschlag die Knie über Wasser zu bringen/knapp unter der Oberfläche zu stoppen;
- im Aufwärtsschlag die Unterschenkel locker zu lassen/energisch aufwärts zu kicken;
- im Aufwärtsschlag eine beliebige Bein- und Fußstellung einzunehmen/Bein und Fuß einwärts zu drehen;
- die Armrückführung über Wasser gestreckt/unter Einbezug der Schulter hoch und weit nach hinten auszuführen;
- Handfläche/Handrücken/Kleinfingerkante zuerst einzutauchen;
- den Körper mit gestrecktem/gebeugtem Arm unter Wasser voranzutreiben;
- den ganzen Körper gering/stärker um seine Längsachse zu rollen;
- die Atmung nicht zu beachten/1 x pro Armzug rechts-links aus- und einzuatmen.

Wie erleben Sie die Varianten?

Rollwenden für Kraul-
und Rückenkraulschwimmen

Es gibt keine schnellere Wendetechnik als die der Rollwenden. Sie darf laut Wettkampfregeln nur für die beiden Kraulschwimmarten angewandt werden. Gemeinsam ist beiden Wenden das Kernmerkmal: *halbe Rolle vorwärts um die waagerechte Hüftachse aus der Bauchlage in die Rückenlage.*

Zuvor werden die Arme nacheinander zu den Hüften gezogen; der gestreckte Körper gleitet währenddessen auf die Wand zu.

Kopf und Oberkörper werden energisch nach unten gebeugt: «einen Diener machen», das Kinn bleibt auf der Brust.

Beide Arme drücken von den Hüften nach unten, so daß das Gesäß an die Oberfläche gelangt und die Beine lang über Wasser zur Wand schlagen.

Zum Abstoß in die neue Schwimmrichtung werden die Füße in Rückenlage gegen die Wand gesetzt.

Die Kraulrollwende

Sowohl für die Kraulrollwende wie für die Rückenrollwende braucht man das gemeinsame Element der halben Rolle vorwärts nur in den Rahmen der jeweiligen Schwimmart einzupassen. Für das Kraulschwimmen heißt das, aus dem Abstoß *nach der Wende in die Bauchlage* zu gelangen. Die Füße werden deshalb in *Seitlage* zum Abstoß gegen die Wand gesetzt. Aus dem seitlichen Abstoß dreht der Körper während des Gleitens zurück in die Bauchlage.

● Zügig auf die Wand zuschwimmen, ● eine Entfernung von 2,5 – 3 m zur Wand ansteuern,

● eine Armbewegung nach der anderen an den Hüften stoppen, ● den Körper einschließlich Kopf gestreckt vorwärtsgleiten lassen,

• die Handflächen nach unten drehen, • durch Vorbeugen des Kopfes den «Diener» einleiten,

• den Oberkörper senkrecht nach unten beugen, • beide Handflächen und die gestreckten Arme abwärts drücken,

- die Beine dem angehobenen Gesäß nachziehen und gestreckt überwerfen,
- die drehungsäußere (in diesem Fall: die rechte) Hand zum Kopf ziehen,

- die Beine kurz vor dem Eintauchen anhocken, • die Füße in Seitlage gegen die Wand setzen,

• in Seitlage abstoßen, • durch weites Vorschieben der unteren Schulter den Körper in die Bauchlage zurückdrehen (Rollen um die Körperlängsachse),

• nach kurzem Gleiten mit dem Beinschlag anfangen,
mit einem Arm beginnend das Kraulschwimmen aufnehmen.

Die Rückenrollwende

Das Einpassen der halben Rolle vorwärts in das Rückenschwimmen verlangt, *zuvor die Bauchlage* einzunehmen. Das geschieht während der vorletzten Armzugfolge: Ohne den Zugrhythmus zu unterbrechen, wechselt der Schwimmer aus der Rückenlage über die Seite in die Bauchlage.

• Zügig auf die Wand zuschwimmen, • eine Entfernung von 3,5 – 4 m zur Wand ansteuern,

- unter Beibehalten des Armzugrhythmus' in die Bauchlage wechseln (um Längsachse rollen),

- erst nach einem Kraularmzug beider Arme nacheinander zunächst den linken, dann den rechten Arm an den Hüften stoppen, • den Kopf zum «Diener» vorbeugen,

- den Oberkörper zügig nach unten beugen und die Beine überwerfen,
- die Beine kurz vor ihrem Eintauchen anhocken.

- die Füße in Rückenlage gegen die Wand setzen, • die Arme zurück-
strecken und schließen,

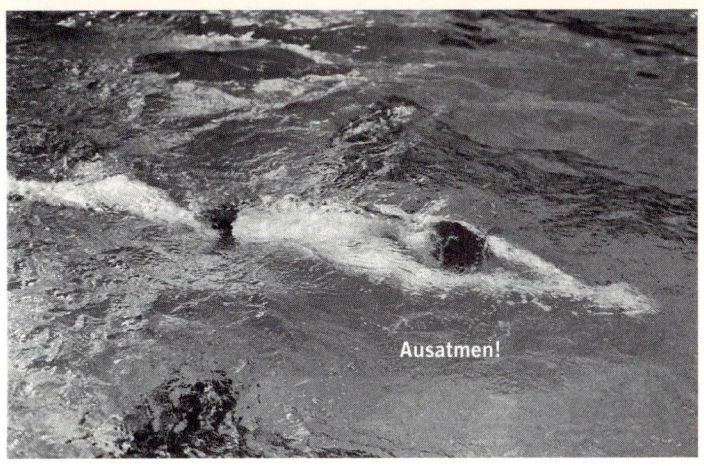

Ausatmen!

• nach kräftigem Abstoß gleiten und durch die Nase ausatmen, • mit Armen und Kopf zur Oberfläche steuern, • mit Wechselschlag und einem Armzug das Rückenkraulschwimmen aufnehmen.

Hinweise

- Da das Kernmerkmal – die halbe Rolle vorwärts – sowohl bei der Kraulrollwende als auch bei der Rückenrollwende eingesetzt wird, stellt sich die Frage nach dem Unterschied zwischen beiden Wenden.
- Die Rückenwende unterscheidet sich von der Kraulwende darin, daß man vorher flüssig aus dem Rückenkraul zum Kraulschwimmen wechselt (nur ein Zug jedes Armes in der Bauchlage ist erlaubt). Ein zweiter Unterschied ist, daß bei der Kraulwende der anschließende Abstoß in Seitlage statt in Rückenlage erfolgt.
- Wie nach dem Rückenstart sind Delphinbewegungen in Rückenlage bis 15 m zulässig.

Spüren Sie den Unterschied? Probieren Sie,

- sich nach dem Abstoß vom Beckenboden (ca. 1 m tief)/schwebend an der Wasseroberfläche aus der Bauchlage um die Längsachse in die Rückenlage zu drehen;
- sich im freien Wasser (ohne Wandkontakt) gleitend/schwimmend aus der Bauch- in die Rückenlage zu rollen ($\frac{1}{2}$ Rolle vorwärts);
- zum Hochbringen des Gesäßes beim Überrollen Flossen zu benutzen;
- aus dem Schwimmen die Beine gehockt/gestreckt überzuschlagen;
- zur Wand kraulzuschwimmen, $\frac{1}{2}$ Rolle auszuführen, rückenkraulend zurückzuschwimmen;
- sich in Bauchlage/Rückenlage/Seitlage links/Seitlage rechts abzustoßen und zu gleiten;
- sich in verschiedenen Lagen abzustoßen und gleitend $\frac{1}{2}$ Drehung um die Körperlängsachse auszuführen;
- ruhig nach rechts/links drehend Kraul und Rückenkraul abzuwechseln;
- Rollwenden in kurzer/weiterer Entfernung zur Wand einzuleiten;
- Rollwenden nach kürzerem/längerem Gleiten zur Wand auszuführen;
- nach der Rückenrollwende Delphinbeinschläge bis zum Rückenschwimmen zwischenzuschalten.

Wie erleben Sie die Varianten?

Besser schwimmen:
Die Gleichzugtechniken

Im Gegensatz zum Wechselzugschwimmen bewegen sich in den Gleichzugtechniken die Arme und die Beine spiegelsymmetrisch. Auch diesmal richtet sich die Aufmerksamkeit des Beobachters auf die Armaktionen als das Charakteristikum für die Bezeichnung dieser Techniken.

Allerdings kommen sogar im Wettkampfsport so gut wie keine Verstöße gegen die geforderte Armsymmetrie vor, wogegen die Wettkampfrichter recht häufig verschiedenartige asymmetrische Beinbewegungen beanstanden und durch Disqualifikation ahnden. Das trifft insbesondere für das Brustschwimmen als eine der beiden Gleichzugtechniken zu. Die andere ist die Delphinschwimmtechnik, die offiziell unter der Bezeichnung Schmetterlingsschwimmen geführt wird (siehe Seite 118).

Dieses Buch geht ausführlich auf das Brustschwimmen ein, weil sich aus dem traditionellen Brustschwimmen in jüngerer Zeit eine anspruchsvolle Hoch-tief-Technik entwickelte, so daß zwei verschiedene Ausführungen nebeneinander bestehen. Außerdem wird sowohl die zweckmäßige Starttechnik wie auch die regelgemäße Wendetechnik für die beiden Arten des Gleichzugschwimmens vorgestellt.

Traditionelles Brustschwimmen

Wieso wird eine Schwimmtechnik als traditionell bezeichnet? Nun, mit seinen wesentlichen Merkmalen kam dieses Brustschwimmen schon im 16. Jahrhundert in Mitteleuropa, insbesondere im deutschen Sprachraum, und auf den Britischen Inseln vor.

Es findet heute noch vielfach Anwendung als krästeschonende Alltagsschwimmart und als Sporttechnik im Wettkampf.

Sein hervorstechendes Merkmal ist die gleichbleibend ruhige Oberkörperlage, die während des gesamten Bewegungsablaufs den Kopf oder dessen obersten Teil über der Wasseroberfläche sichtbar macht.

Zwischen den Antriebsbewegungen der Beine und Arme findet jeweils eine Gleitpause statt, die dem geübten Brustschwimmer als Erholung dient. Die Gleitpause ist charakteristisch für diese Art des Brustschwimmens, weshalb man auch von der *Gleittechnik* spricht.

Eine erfolgreiche Ausführung der Gleittechnik beinhaltet:

* die Handflächen aus weit vorgehobenen Schultern auswärts zu drehen,
* die Hände nach außen-hinten zu ziehen,

• die Ellbogen im Zug zu beugen und hoch zu halten, • die Hände und Unterarme abwärts und dann einwärts zu ziehen,

• Unterschenkel und Füße locker ans Gesäß zu ziehen, • die Füße zu den Unterschenkeln hin zu beugen und auswärts zu drehen, • die Arme von der Brust aus nach vorn zu schieben,

• sich mit Fuß- und Unterschenkelinnenseiten vom Wasser abzudrücken,
• die Unterschenkel im Halbkreis auswärts-abwärts zu schwingen,

• die Beine schwunghaft zu schließen und • sich mit den Fußsohlen abzudrücken, • die Arme durchzustrecken und • zu gleiten, zu gleiten.

Beinschlagübungen

Die Beinbewegung soll dem Körper viel Antrieb vermitteln; sie wird deshalb häufig isoliert geübt, z. B. mit flach aufliegendem Schwimmbrett, das mit beiden Händen vor dem Kopf gehalten wird. Nach jedem guten Beinabdruck spürt man das Gleiten des Körpers durch das Entlangströmen des Wassers an der Haut von Rumpf und Beinen.

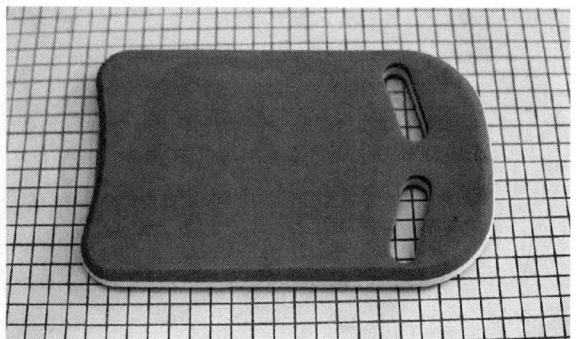

Die Gleitbewegung wird effektiver, wenn die Arme auf dem Brett liegen und die Grifflöcher gefaßt werden.

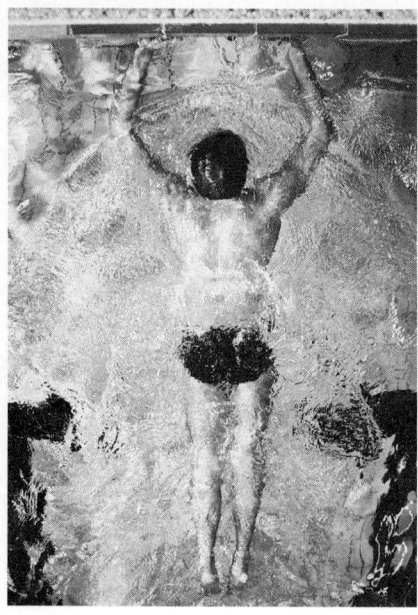

Eine spezielle Übung, um das Abdruckempfinden der Fuß- und Unterschenkelinnenseiten sowie der Fußsohlen zu schulen, ist: bei gestrecktem Körper (Gesicht im Wasser, die Hände gegen die Wand gestützt) sich mit den Armen fußwärts zurückzustoßen und während des Rückwärtsgleitens die Beinbewegungen wieder aufzunehmen usw. Dabei:
• so lange die Beinbewegungen wiederholen, bis die Arme passiv gebeugt werden, • die Hände ca. 30 cm unter der Wasseroberfläche gegen die Wand stützen,

• im Augenblick des Zurückstoßens von der Wand den Kopf unter Wasser nehmen und die Beine gestreckt hoch halten,

• vor dem Stillstand des Körpers mit intensiven Brustschwimmbeinbewegungen beginnen.

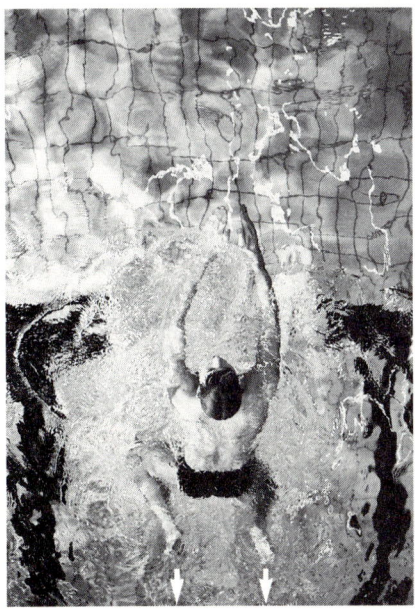

Sowohl die Gleitfähig-
keit als auch die
Wirksamkeit des
Armzugs hängen mit
dem betonten
Strecken bzw. Vor-
schieben der Arme
und Schultern zusam-
men.

Hier kommen gymnastische Qualitäten ins Spiel: Regel-
mäßige Dehn- und Beweglichkeitsübungen an Land führen dazu, daß wir bei hochgehaltenen Armen im Stand
unsere Körperausdehnung um 10–15 cm «verlängern».

Zur Übung des
Armzugs dient das
fußwärtige Vorwärts-
ziehen des Körpers in
der Rückenlage: Nach
jedem Zug werden die
Hände widerstands-
arm dicht am Körper
entlang zu den Ober-
schenkeln geführt.

Dann folgt erneut ein kräftiger, weiter Armzug, der den Körper fußwärts voranbringt. Zur Unterstützung der Beine kann ein Auftriebsgerät zwischen den Knien gehalten werden.

Koordinationsübungen

Die Optimierung der Schwimmbewegungen hängt nicht nur von der sportlichen Kondition (Energieeinsatz) ab, sondern auch von der nervlich-muskulären Bewegungssteuerung. Zu deren Verbesserung dienen u. a. das Abkoppeln eines Arms oder Beins aus der Gesamtbewegung.

So kann beim Brustschwimmen ein Arm ruhig und gestreckt nach vorn gehalten werden.

Oder die Schwimmbewegung wird ohne Beteiligung des
linken Beins durchgeführt. Übungen zur Verbesserung
der Bewegungssteuerung beginnen mit dem Abkoppeln
einer Gliedmaße pro Schwimmbahn: rechter Arm, linker
Arm, rechtes Bein, linkes Bein. Die Anforderung nimmt
erheblich zu, wenn ein ständiger Wechsel der Glied-
maßenabkopplung erfolgt: rechter Arm, Gesamtbewegung, linkes Bein, Gesamtbewegung, linker Arm usw.

Der bremsende
Widerstandsgürtel um
die Taille gebunden
bewirkt bei allen
Brustschwimmübun-
gen einen beachtlichen
Trainingseffekt.

Seine Intensität läßt sich durch die Anzahl der am Gür-
tel befestigten offenen Kästchen abstufen. Während des
Schwimmens liegen die Kästchen am Gürtel vor dem
Bauch bzw. der Hüfte.

Hinweise

- Brustschwimmen weist von allen Schwimmarten die größten Geschwindigkeitsschwankungen und die geringste Durchschnittsgeschwindigkeit auf.
- Die ständig unter Wasser befindlichen Arme bremsen einerseits und stützen andererseits durch ihren Auftrieb den Kopf hoch.
- Brustschwimmen bietet guten Überblick, beansprucht jedoch auf längere Zeit unangenehm die Nackenmuskeln und Lendenwirbelsäule.

Die Bewegung erleben

Spüren Sie den Unterschied? Probieren Sie,

- zwischen zwei Schwimmzügen kurz/lang zu gleiten;
- mit erhobenem Kopf/mit Kopf knapp über der Oberfläche zu schwimmen;
- zum Beinantrieb die Beine nach hinten zu stoßen/über außen nach innen zu schwingen;
- beim Anziehen der Unterschenkel zum Gesäß die Knie eng/hüftbreit zu führen;
- Armzüge mit kleinen/mit großen Auswärtsbogen durchzuführen;
- die Hände das Wasser ganz flach/tiefer greifen zu lassen;
- nach jedem Zug die Arme schnell ruhig einwärtszubringen/vorzustrecken;
- die Aufmerksamkeit während der Gesamtbewegung auf die Beine/auf die Arme zu richten;
- jeweils für 10 Schwimmzüge den Krafteinsatz der Beine/der Arme zu betonen;
- die Ausatmung zu beginnen, wenn die Arme sich vorschieben/wenn die Arme ziehen.

Wie erleben Sie die Varianten?

Schmetterlingsschwimmen
mit Delphinschlag

«Einem Schmetterling ähnlich schwingt die Schwimmerin beide Arme durch die Luft vor, so daß sie einen Augenblick lang dem zähen Widerstand des Wassers entkommt und ihr Oberkörper samt Kopf erleichtert ein Stück nach vorn fliegt.»

Dieses etwas kühne Bild stand Pate für den Namen «Schmetterlingsschwimmen», der seit dem ersten Vorkommen der Technik in den 30er Jahren unseres Jahrhunderts als offizielle Bezeichnung erhalten blieb. Dabei handelte es sich keineswegs um einen völlig neuen Bewegungsablauf, sondern um einen Abkömmling des traditionellen Brustschwimmens, dessen Beinbewegung auch ursprünglich zum Schmetterlingsschwimmen gehörte.

Je weiter die Arme über Wasser nach vorne fliegen, desto größer wird der Raumgewinn.

Die Beinbewegung bewirkt den Antrieb hauptsächlich durch die nach hinten-unten verlaufenden Schläge der Unterschenkel und Fußrücken. Die Füße sind wie beim Kraulschwimmen überstreckt und einwärts gedreht. Sie folgen dem voreilenden Oberschenkel in kürzerer Zeit nach und entfalten durch die Beschleunigung ihre Schlagkraft.

In den 50er Jahren entwickelte sich dieser im Vergleich zum Brustschwimmen effektivere Beinantrieb. Er bezieht den Rumpf wellenförmig in die Schlagbewegung ein und führte deshalb zu der charakteristischen, aber inoffiziellen Bezeichnung «Delphinschwimmen».

1. Schlag

Diese Technik verbindet zwei Abwärtsschläge der Beine mit einem vollständigen Armzyklus:

der 1. Schlag erfolgt mit dem Eintauchen und Vorstrecken der Arme; während des Armzugs (bis unter die Schultern) bewegen sich die Beine passiv aufwärts;

in der Phase, in der die Arme zu den Oberschenkeln drücken bis zu dem Moment, in dem sie das Wasser verlassen, wird der 2. Abwärtsschlag durchgeführt.

2. Schlag

Als Übung eignet sich häufiges Delphinschlängeln, tauchend und an der Wasseroberfläche. Günstig ist eine Rhythmisierung in Einheiten von je zwei Schlägen, anfänglich unter häufiger Verwendung von Flossen.

Hier zeigt die Schwimmerin das Delphinschlängeln unter Wasser. Sie leitet ihre Schlängelbewegungen deutlich ein, indem sie mit dem Kopf und den Armen tief- und hochsteuert.

Die Rumpfwirbelsäule und die Hüften beteiligen sich zeitlich versetzt, so daß man nicht wie in den Kraulschwimmarten von einem reinen Beinschlag sprechen kann.

Tauchend und ohne Armzüge wird die Amplitude größer. Das bringt den Sportler schnell voran, kostet aber viel Energie. Deshalb: *kurze* Übungsstrecken wiederholt durchschwimmen.

Der Armzug

Die Arme erbringen den größeren Teil des Antriebs und erholen sich jedesmal im Vorschwung über Wasser.

Auf folgende Aktionen kommt es an:

• mit Unterarmen und Handflächen bis zum Oberschenkel vom Wasser abdrücken (strecken), den Kopf knapp über Wasser anheben, • einatmen,

• die Arme schwungvoll aus dem Wasser heben und vorschwingen, • einatmen, bis die Arme den Kopf überholen,

• Atem anhalten, • das Gesicht ins Wasser legen, • die Arme entspannt vorfallen lassen,

• die Hände schulterbreit eintauchen, • Arme und Schultern in ein flaches Wellental vorschieben, • Atem anhalten,

• Handflächen abwärts-auswärts richten, • Wasser «fassen», • Ellbogen hochhalten und den Zug mit den Unterarmen beginnen, • ausatmen,

• die Arme seitwärts-abwärts ziehen, • die Ellbogengelenke im Zug beugen, • ausatmen,

• die Hände ziehend unter der Brust einander nähern, mit Unterarmen und Händen nach hinten drücken, • ausatmen,

• die Hände zu den Oberschenkeln hin drücken, • den Kopf anheben, • Ausatmung beenden, • Einatmung beginnen.

Die Koordination von Beinen und Armen mit der Bein-Rumpf-Bewegung verlangt motorisches Geschick und sportliche Kondition. Geringere Körperkräfte lassen sich durch mehr koordinative Steuerungsfähigkeit ausgleichen. Das erklärt die Tatsache, daß im Alter von 9 bis 11 Jahren Mädchen durchschnittlich schneller delphinschwimmen als Jungen.

Folgende Übung (die weltweit in die Trainingsprogramme aufgenommen wird) erleichtert das Zusammenspiel von Beinen und Armen. Sie trägt dazu bei, daß die Schwimmer den typischen Delphinrhythmus «erfühlen».

Der linke Arm liegt vorgestreckt. Der rechte zieht von vorn durch das Wasser – beugt und streckt sich – und schwingt locker nach vorn, während die Beine insgesamt zweimal schlagen. Die leichte Seitlage der Übung erleichtert ihre Ausführung erheblich.

Ist die Rumpfbeteiligung an der Welle zu gering, wird der passive Arm aus der Vorhalte neben die Hüfte verlagert; Kopf und Oberkörper erhalten nun mehr Steuerungsfreiheit. Die Übungen auch auf der Gegenseite ausführen oder beliebig wechseln.

- Das Schmetterlings- oder Delphinschwimmen ist zweifellos die schwierigste Schwimmtechnik; ihr sollte ein intensives Üben von Kraul- und Brustschwimmen vorausgehen.
- Das Delphinschwimmen bringt nur dann einmal je Zyklus Kopf, Arme und Schultern über Wasser, wenn im gleichen Augenblick die Beine abwärts schlagen.
- Das rechtzeitige Hochsteuern mit dem Kopf (bevor die Arme das Wasser verlassen!) verlangt vorheriges Ausatmen.

Die Bewegung erleben

Spüren Sie den Unterschied? Probieren Sie,

- Schmetterling mit Brustschwimmbeinbewegungen/mit je einer Brustschwimmbeinbewegung und einem Delphinschlag zu schwimmen;
- Schmetterling mit Flossen/mit einer Flosse zu schwimmen;
- möglichst viele/wenige Delphinbewegungen ohne Armeinsatz auf 10–15 m unter Wassser zu machen;
- Delphinbewegungen ohne Armeinsatz in Seitlage/in Rückenlage auszuführen («Schlängeln»);
- einarmiges Delphinschwimmen gänzlich in Bauchlage/in Seitlage durchzuführen;
- einarmiges Delphinschwimmen jeweils 6 Züge rechts/6 Züge links zu üben;
- 3 Züge einarmig rechts/3 x einarmig links/3 x beidarmig delphinzuschwimmen;
- kurze Strecken ohne Atmung/mit Atmung auf jedem 2. Zug delphinzuschwimmen;
- beim Delphinschwimmen die Arme kräftig durchzuziehen/nur entspannt und weit vorzuschwingen;
- den Krafteinsatz des 1. Beinschlags/des 2. Beinschlags zu betonen.

Wie erleben Sie die Varianten?

Der gehockte Startsprung

Der gehockte Startsprung stellt eine anspruchsvolle Starttechnik dar. Wer diesen Startsprung beherrscht, erzielt jedoch einen Raumgewinn gegenüber flachen Sprüngen. Infolge des steilen Eintauchens gelangt der Schwimmer tiefer. Das ist vorteilhaft für den Unterwasserzug des Brustschwimmers bzw. das Delphintauchen des Schmetterlingsschwimmers. Die Schwierigkeit beim gehockten Startsprung besteht in dem Umlenken der Eintauchgeschwindigkeit in die waagerechte Gleitgeschwindigkeit.

Nach dem Lösen der Hände aus der Greifstellung (Grabstart) oder dem einleitenden Armschwung:
* in der Kniebeuge den Körper vorkippen, * weit nach vorne blicken,

• den Körper nach vorn-oben strecken, • Arme im Schultergelenk feststellen (Winkel zum Körper ca. 135°), • bis in die Fußspitzen hinein vom Startblock abdrücken,

Hocken!

• Beine zum Gesäß hochhocken, • den Kopf vorbeugen, • mit den Armen abwärts steuern,

Strecken!

- Beine nach hinten-oben strecken, • die Arme schließen, • den Kopf zwischen die Arme nehmen,

- den Körper durchstrecken, • alle Muskeln anspannen, • gestreckt eintauchen,

• die Beine in Eintauchrichtung halten, • mit Kopf und Armen horizontal steuern, • gleiten,

• Handflächen auswärts-rückwärts richten, • die Arme gestreckt ziehen,

• die Arme beugen und nach hinten drücken, • gleiten, • dann Beinbewegung unter Vorbringen der Arme ausführen.

Hinweise

- Je weniger Oberflächenwasser der Startende verwirbelt, desto geringer wird er gebremst. Das läßt sich dadurch erreichen, daß Arme, Kopf, Rumpf und Beine nacheinander steil in ein und dasselbe kleine Loch eintauchen.
- Da das frühe Umlenken von steiler zu horizontaler Bewegungsrichtung schwierig ist und die Lendenwirbelsäule strapaziert, neigen Kraulschwimmer dazu, durch Delphinbeinschläge unter Wasser in die Kraulbewegung überzuleiten.

Spüren Sie den Unterschied? Probieren Sie,

- nach weitem/geringem Vorkippen des Körpers abzuspringen;
- vor dem Absprung leicht/weit die Knie zu beugen;
- schon im Sprung/erst im Flug die Beine zu hocken;
- direkt beim Eintauchen/nach dem Eintauchen den Körper waagerecht zu steuern;
- nach dem Gleiten mit Delphinbeinbewegungen/mit Brustschwimm-Tauchzug zu beginnen;
- im Gleiten zur Oberfläche zu steuern und kraulzuschwimmen/delphinzuschwimmen.

Wie erleben Sie die Varianten?

Hoch-tiefes Brustschwimmen

Der Wechsel von steiler Kopf-Schulter-Position «deutlich über der Wasser-fläche» und waagerechter Oberkörperlage unter Wasser innerhalb eines Bewegungszyklus kennzeichnet diese Brustschwimmvariante. Auf diese Weise unterscheidet sie sich von der gleichbleibend flachen Körperlage des traditionellen Brustschwimmens und nähert sich der wellenförmigen Kör-peraktion des Delphinschwimmens.

Ein weiteres Merkmal ist der ausgeprägte weite Armzug, dessen deutlich
längerer Handweg mehr Antrieb bewirkt als der Armzug des flachen
Brustschwimmers. Und es gibt keine Gleitpause nach Abschluß des
anschiebenden Beinabdrucks, sondern die Hände beginnen mit ihrem Zug,
bevor die Füße völlig geschlossen wurden. Alles in allem eine Bewegungs-
technik, die große Muskelkraft der Arme und des Rumpfes, Beweglichkeit
der Wirbelsäule und – wegen der entfallenden Gleitpausen – ein hohes
Maß an Energie erfordert. So verwundert es nicht, daß diese Technik im
Bemühen um mehr Geschwindigkeit von Wettkampfschwimmern entwickelt wurde und ebenso überwiegend von ihnen benutzt wird.

Zwei Schwimmer demonstrieren die Hoch-tief-Technik in sportlicher Ausführung.

Infolge der hohen Oberkörperstellung können die Arme fast über Wasser vorgeschoben werden.

Der Beinantrieb erfolgt mit dem Abtauchen des Oberkörpers. Die Arme steuern ein Wellental an und «haken sich am Wasser fest».

Noch bevor die Fußsohlen ihren Abdruck abgeschlossen haben, beginnen die Hände den Armzug nach außen.

Während sich die Füße strecken und schließen, ziehen die Arme in weitem Bogen erst über oben und dann über außen nach hinten. Die Hüften strecken sich und ziehen die Beine in den Strömungsschatten des Rumpfes hoch.

Der Armzug

Je weiter Arme und Schultern vorgeschoben sind, desto länger wird der Zugweg der Hände. Das setzt große Dehnfähigkeit der Arm- und Brustmuskeln sowie Beweglichkeit im Schultergürtel voraus. Gezielte gymnastische Übungen fördern diese Voraussetzungen.

Sobald die Arme das Blickfeld der Schwimmerin verlassen, beugen sie sich, und die Unterarme ziehen abwärts, dann einwärts.

Je energischer die Hände – propellerähnlich – unter der Brust zusammengeführt werden, desto erfolgreicher gelingen der Antrieb des Körpers und der Anstieg des Oberkörpers.

Alle Übungen zur Vervollkommnung der Armbewegung oder für das Training der Arm- und Oberkörpermuskeln lassen sich mit der *Zugboje* durchführen.

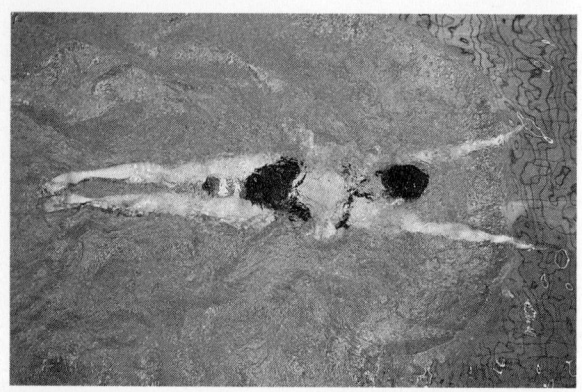

Der Einsatz der Zugboje im Brustschwimmen erlaubt die Konzentration auf die Armbewegung und steigert bei entsprechend großer Wiederholungszahl die Ausdauerfähigkeit der Oberkörpermuskeln.

Die Kombination von Zugboje und Handpaddels (zur Vergrößerung der Abdruckflächen) beim Brustschwimmen sollte dem Training des Sportschwimmers vorbehalten bleiben.

Hoch-tiefes Brustschwimmen gegen den Widerstand eines Gummiseils eignet sich als Trainingsmaßnahme, wenn es unter großer Anstrengung mehrfach wiederholt wird: z. B. 10 x 45 Sekunden lang, von jeweils einminütiger Pause gefolgt.

Koordinationsübungen

Noch effektiver läßt sich jedoch die Koordination von Arm- und Beinantrieb folgendermaßen schulen:

Die Schwimmerin zieht das Seil weit aus und muß so koordiniert schwimmen, daß keine Antriebslücken entstehen, in denen das Seil sie zurückziehen kann. Antriebslücken werden auf diese Weise für die Sportler spürbar und für Außenstehende sichtbar.

Die Synchronisation
des Brustschwimmens
auf den technisch
besten Vorschwimmer
übt ebenfalls die
Koordination und
macht Spaß.

Wer dabei eine
Schwimmbrille trägt,
kann seinen Vor-
schwimmer besser
beobachten.

Es kommt besonders
darauf an, jedesmal
mit dem Beinschub
das Gesicht ins Was-
ser zu legen und vor
dem Schließen der
Füße mit dem großen
Armzug zu beginnen.

- Hoch-tiefes Brustschwimmen ist der Versuch, eine traditionelle Schwimmart schneller zu gestalten, und wurde durch die Liberalisierung der Wettkampfregeln begünstigt.
- Es beinhaltet Bewegungsformen des Streckentauchens und des Delphinschwimmens; deren Beherrschung erleichtert den Einstieg in diese Brustschwimmtechnik.

Die Bewegung erleben

Spüren Sie den Unterschied? Probieren Sie,

- das Hoch-tiefe Brustschwimmen an der Oberfläche mit zwischengeschalteten Tauchzügen (wie nach einer Kippwende) abzuwechseln;
- das Hoch-tiefe Brustschwimmen und Delphinschwimmen jeweils nach einigen Zügen / je Zug zu wechseln;
- die Brustschwimmbeinbewegung flach / unter Abtauchen des Oberkörpers während des Antriebs auszuführen;
- die abtauchende Brustschwimmbeinbewegung mit kurzem Delphinschlag zum Auftauchen zu verbinden;
- Brustschwimmarmzüge mit Flossen zu üben;
- mit kurzen / mit weit ausholenden Armzügen brustzuschwimmen;
- während weiter Armzüge den Oberkörper hochzuhalten / die Brust nach unten zu schieben;
- mit Zugboje bei abwärts zeigenden / rückwärts zeigenden Handflächen zu schwimmen;
- mit normaler Atmung / später Einatmung brustzuschwimmen.

Wie erleben Sie die Varianten?

Kippwende für Brust-
und Schmetterlingsschwimmen

Für die Schwimmarten mit symmetrischen Arm- und Beinbewegungen bietet die Rollwende keinen Vorteil, zumal die Wettkampfregeln den beidhändigen Wandkontakt für das Brust- und das Schmetterlingsschwimmen vorschreiben. Als zweckmäßig hat sich nur die Kippwende herausgebildet, zu der man mit lang vorgestreckten Armen die Wand berührt.

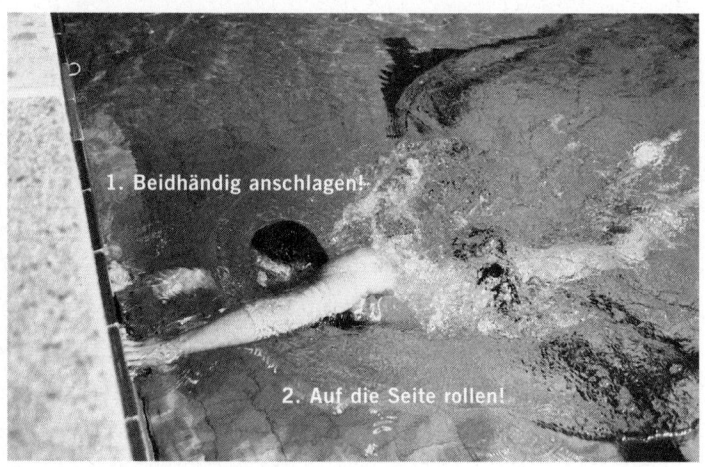

Der Schwimmer
• legt danach seinen Körper auf eine Seite (meistens auf die rechte, wenn dies die geschicktere Seite ist),

Blick zur Seite

• führt den (ungeschickteren) Arm unter oder über Wasser in die neue Schwimmrichtung zurück, • hockt seine Beine an, • drückt sich mit dem anderen (geschickteren) Arm von der Wand ab,

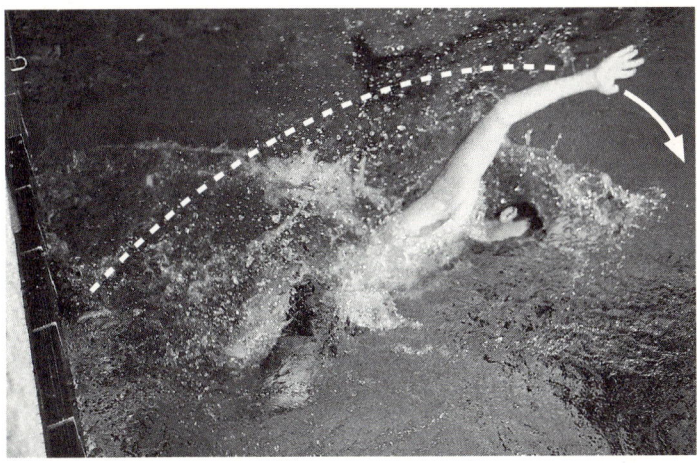

• kippt seinen Körper von einer Seite auf die andere, • schwingt den Abdruckarm sichelförmig über oben ins Wasser, • taucht seinen Kopf mit Blick zur Seite (das Ohr voran) ein,

• setzt die Füße seitlich gegen die Wand, • taucht seinen Kopf seitlich unter, • hält die Luft an,

• kippt den Oberkörper bis zur Waagerechten weiter, • führt die Arme unter Wasser zusammen und streckt sie vor, • stößt sich in Seitlage ab,

148

• drückt die Füße von der Wand ab, • streckt seinen Körper völlig durch,
• dreht sich im Gleiten langsam in die Bauchlage zurück (Rollen um die
Körperlängsachse),

• zieht seine Arme fußwärts und beugt sie, • legt während des Armzuges
die Oberarme seitlich am Brustkorb an, • drückt die Unterarme betont
nach hinten,

• streckt die Arme und • legt sie seitlich an, • gleitet, gleitet,

• gleitet, • bringt seine Arme dicht am Körper nach vorn, • beugt ruhig
die Beine,

• zieht die Unterschenkel für den Abdruck ans Gesäß, • streckt die Arme vor, • steuert seinen Körper zum Brustschwimmen nach oben.

Hinweise

    – Die Kippwende findet in einer Ebene statt, die in der Senkrechten rechtwinklig zur Beckenwand liegt. Ihr Vorteil besteht in einer zusätzlichen Atmung vor dem Kippen.

    – Ein Unterwasserzug folgt der Wende nur im Brustschwimmen und entspricht der Technik des Streckentauchens; der Schmetterlingsschwimmer taucht statt dessen mit Delphinbeinschlägen bis zu 15 m weit.

Spüren Sie den Unterschied? Probieren Sie,

- ohne Wandkontakt im Flachwasser/im Tiefwasser von einer zur anderen Seite zu kippen;
- Kippwenden auf der rechten/linken Körperseite auszuführen;
- die Wende aus einer Distanz zur Wand (70–90 cm)/dicht vor der Wand einzuleiten;
- den ungeschickten Arm mit der Hand voraus/mit dem (gebeugten) Ellbogen voraus zurückzunehmen (in die neue Schwimmrichtung);
- den (geschickteren) Abdruckarm lange während des Kippens anzusehen;
- sich nach dem Kippen schnell abzustoßen/vor Abstoß auftaktig an die Wand zu kauern;
- im Unterwasserzug den Beinabdruck schnell den Armen anzuschließen/eine Gleitpause bei angelegten Armen einzufügen.

Besser schwimmen:
Das Lagenschwimmen

Eine reizvolle Herausforderung – und dies nicht nur für Leistungssportler – bietet das Lagenschwimmen. Es verbindet in unmittelbarer Reihenfolge die Schwimmarten Schmetterling, Rückenkraul, Brust und Kraul in je gleicher Streckenlänge. In der Regel handelt es sich um das 200-m- oder 400-m-Lagenschwimmen, d. h., daß in jeder Schwimmart 50 m bzw. 100 m zurückgelegt werden.

Man kann selbstverständlich auch jede beliebige Strecke wählen, z. B. einfach nach einer Bahn (12,5; 20; 25; 50 m) die Schwimmart wechseln. Begonnen wird mit einem Startsprung zum Schmetterlingsschwimmen, für die 1. Wende wird die Wand mit beiden Händen berührt und in Rückenlage abgestoßen. Nach dem Rückenschwimmen muß zunächst mit einer Hand in Rückenlage angeschlagen und dann in Bauchlage abgestoßen werden. Die Wende läßt sich als halber Salto rückwärts oder als Kippwende (siehe Seite 146ff) ausführen. Das Brustschwimmen verlangt wieder den beidhändigen Anschlag und führt über die Kippwende zum Kraulschwimmen.

Die schwimmtechnische Leistung eines Lagenschwimmers zeigt sich in seiner Fähigkeit, von einer zur nächsten Schwimmart überzuwechseln, ohne äußerlich sichtbare und für ihn selbst spürbare Qualitätseinbußen der ersten vier oder fünf Schwimmzüge in der jeweils neuen Technik einzugehen.

Um diese schwimmtechnische Umschaltfähigkeit zu verbessern, sollte man nicht nur jede einzelne Schwimmtechnik häufig üben, sondern vor allem den Wechsel wenigstens zweier Schwimmarten. Zu achten ist auf eine ruhige Schwimmfrequenz und darauf, daß man sich schon einige Meter vor der Wand gedanklich auf die nächste Schwimmtechnik einstellt (Antizipation).

Vor allem, wenn die ersten Ermüdungserscheinungen empfunden werden, sollten die Schwimmzüge ruhiger und länger werden. Die Betonung der Bewegungsausführung verlagert sich auf die Entspannung (Lockern der Antriebsmuskeln) während der Ausholbewegung und auf die vertiefte Ausatmung. Wem das gelingt, der erlebt nach und nach das Meistern der Schwimmtechnik, das Wasser als freundliches Element und die eigene sportliche Souveränität – und dies im Lagenschwimmen, der «Königsdisziplin» des Schwimmsports.

Literaturverzeichnis

BAKER, R. R.: Die geheimnisvolle Reise der Tiere. Erscheinungen, Beobachtungen, Erklärungen. München 1992

BUCHER, W.: Schwimmen leistend spielen – spielend leisten. Schorndorf 1982.

BUCHER, W.: 1001 Spiel- und Übungsformen im Schwimmen. Schorndorf 1994[7].

COLWIN, C. M.: Swimming into the 21st Century. Champaign/Illinois 1992.

COUNSILMAN, J. E.: Handbuch des Sportschwimmens. Bockenem 1980.

DRÖSCHER, V. B.: Geniestreiche der Schöpfung. Die Überlebenskunst der Tiere. Frankfurt/M., Berlin 1986.

GILDENHARD, N.: Vielseitiger Schwimmunterricht in der Vorschule und Eingangsstufe. Schorndorf 1986[2].

HIRTZ, P.: Die Komponente Koordination. In: Körpererziehung, 3/1995, 102–106.

JOERES, U./WEICHERT, W.: Schwimmen – Bewegen und Spielen im Wasser. rororo Sport, Bd. 7614. Reinbek 1984.

Kölner Stadt-Anzeiger. Nr. 41 vom 17./18. Februar 1996, 47.

KÖRNDLE, H.: Konzepte der Bewegungskontrolle und des Bewegungslernens. In: REISCHLE, K./DURLACH, F./WILKE, K. (Hrsg.): Schwimmen 2000. Heidelberg 1993, 53–71.

LADEBECK, H.: Ladebecks Schwimmschule. Lehrbuch der Schwimmkunst für Anfänger und Geübte. Leipzig 1900.

LEVINSON, D. A.: Internal Stroke Motions and the Coaching of Stroke Mechanics. In: Journal of Swimming Research. 3 (1997), 2, 21–28.

MAGLISCHO, E. W.: Swimming Even Faster. Mountain View, London, Toronto 1993.

Neue Illustrirte Zeitung, 1881.

PFEIFER, H., u. a.: Schwimmen. Technik der Top-Athleten. Berlin 1991.

PÖHLMANN, R.: Motorisches Lernen. Berlin 1986.

REISCHLE, K.: Biomechanik des Schwimmens. Bockenem 1988.

REISCHLE, K.: Besser Schwimmen – Technik, Training. München 1988.

SCHICKE, H.: Entwicklung der Differenzierungsfähigkeit bei Sportschwimmern und ihr Einfluß auf Vervollkommnung und Leistungsentwicklung im Kraulschwimmen. Dissertation DHfK Leipzig 1990.

SCHNABEL, G.: Sportliche Technik und Bewegungskoordination als wesentlicher Leistungsfaktor. In: Medizin und Sport, 5/1987, 154–159.

SCHRAMM, E. (Hrsg.): Sportschwimmen. Berlin 1987.

SCHUCK, H.: Entwicklung der Bewegungsregulation als Reserve für die sporttechnische Vervollkommnung in den Ausdauersportarten. In: Theorie und Praxis der Körperkultur, 36 (1986), 4, 120–131.

Umweltstiftung WWF Deutschland (Hrsg.): Lebenselemente. Erde – Wasser – Feuer – Luft. München 1990.

WILKE, K. (Hrsg.): Schwimmsport – Praxis. Schwimmen, Wasserspringen, Wasserball, Kunstschwimmen. rororo Sport, Bd. 8608. Reinbek 1994[2].

WILKE, K.: Anfängerschwimmen. Training, Technik, Taktik. rororo Sport, Bd. 7032. Reinbek 1994[4].

WILKE, K./DANIEL, K.: Schwimmen – Lernen, Üben, Trainieren. Wiesbaden 1996.

WILLIAMS, H.: Kontinent der Wale. Frankfurt/M. 1988.

WULF, G.: Zur Optimierung motorischer Lernprozesse. Schorndorf 1994.

ZIMMERMANN, K.: Zu spezifischen Merkmalen des Trainings koordinativer Fähigkeiten und sporttechnischer Fertigkeiten. In: Theorie und Praxis der Körperkultur 35 (1986), 3, 211–215.

Trotz aller Bemühungen ist es uns leider nicht in jedem Fall gelungen, die Fotografen ausfindig zu machen. Rechteinhaber werden gebeten, sich ggf. an den Rowohlt Taschenbuch Verlag zu wenden.

Der Autor

Kurt Wilke, Jahrgang 1936, studierte Germanistik, Sport und Psychologie und arbeitet als Professor an der Deutschen Sporthochschule Köln. Er war als Lehrer, Trainer und Regierungsdirektor an der Sportschule der Bundeswehr tätig sowie als Dekan und Prorektor der Deutschen Sporthochschule Köln. Nach seinen Wettkampferfahrungen als Leichtathlet und Handballer gewann er Westdeutsche Meisterschaften und Deutsche Hochschulmeisterschaften im Schwimmen und Wasserball. 1967/68 war er Schwimmwart des DSV und ist seit 1995 Präsident der DLRG.

Schwimmen
von Werner Freitag
(rororo sport 7003)

Anfängerschwimmen
von Kurt Wilke
(rororo sport 7032)

Schwimmsport-Praxis
*Offizielles Lehrbuch
des DSV*
herausgegeben von Kurt
Wilke
(rororo sport 8608)
Ein Buch für Übungsleiter,
Trainer, Sportlehrer und
Autodidakten mit konkreten
Anleitungen, praktischen
Hilfen und Übungssammlungen zum Lehren, Lernen,
Üben und Trainieren aller
schwimmsportlichen Disziplinen.

Wassergymnastik
von Karen Beigel / Andreas
Brinckmann
(rororo sport 8639)
Dieses Buch stellt ein umfassendes und vielfältiges
Angebot vor und bietet für
jeden etwas: sanfte Beweglichkeitsübungen, Powergymnastik als Fitnesstraining,
schwimmerische Ausdauergymnastik, Spaß und Geselligkeit bei vielseitiger Belastung
u.v.m.

Aqua -Training
von Margot Zeitvogel
(Großformat)
(rororo sport 8698)

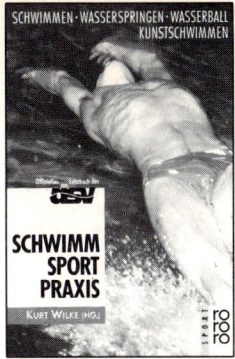

Tauchen
von Erhard Schulz
(rororo sport 9418)

Segeln
von Horst Schlichting
(rororo sport 8643)

Rudern
von Walter Schröder
(rororo sport 7010)

rororo sport wird herausgegeben von Bernd Gottwald. Ein
Gesamtverzeichnis der Reihe
finden Sie in der *Rowohlt
Revue*. Jedes Vierteljahr neu.
Kostenlos. In Ihrer Buchhandlung.

rororo sport

rororo sport wird herausgegeben von Bernd Gottwald. Ein Gesamtverzeichnis der Reihe finden Sie in der *Rowohlt Revue*. Jedes Vierteljahr neu. Kostenlos. In Ihrer Buchhandlung.